Sylvie Ligny

CRÉEZ VOTRE ÎLOT DE FRAÎCHEUR

Rustica éditions

Sommaire

Haie champêtre gourmande
Bassin + végétation de rive, ripisylve

Pourquoi (re)penser son jardin à l'aune du changement climatique ?

Où que l'on habite, du sud au nord, au bord de la mer ou en altitude, personne ne peut nier aujourd'hui avoir remarqué un changement climatique dans son quotidien.

IL EST ENCORE TEMPS D'AGIR…

« Le nouveau record absolu de température observée en France est donc officiellement de 46,0 °C et date du 28 juin 2019 (relevée à Vérargues dans l'Hérault). La France se classe ainsi au 6e rang des pays européens ayant connu la température la plus élevée derrière la Grèce (48,0 °C), le Portugal (47,4 °C), l'Espagne (47,3 °C), l'Italie (47,0 °C) et la Bosnie-Herzégovine (46,2 °C) », peut-on lire sur le site de Météo-France qui précise que la température moyenne en France aura augmenté de 3,9 °C en 2100 si nous n'agissons pas maintenant. Les injonctions à faire quelque chose sont devenues régulières.

Certes, certaines décisions doivent être prises en haut lieu et globalement pour que les changements soient efficaces. Toutefois, au-delà de la surmédiatisation du sujet et des propos alarmistes, une bonne nouvelle, il nous est possible d'agir à l'échelle de notre habitat. Agir pour améliorer notre cadre de vie mais également agir pour le bien de la planète. Comment ? En (ré)organisant nos propres espaces extérieurs. Du jardin au balcon, à la campagne comme à la ville, il est possible de repenser leur aménagement, de jardiner autrement et de créer des îlots de fraîcheur. Ces îlots de fraîcheur vont contribuer à réduire les conséquences des canicules et tempérer les effets des violentes intempéries qui se développent (tempêtes, feux, inondations...).

Cet ouvrage ouvre la voie vers un autre jardin, véritablement intégré à notre habitat, juste en faisant appel au bon sens, en expérimentant de nouvelles techniques de jardinage – lesquelles sont souvent ni plus ni moins des techniques ancestrales –, le jardin peut devenir bioclimatique... Et qui sait, cette nouvelle manière de le concevoir pourra même nous conduire à nous alimenter autrement !

Tout au long de ce livre, des pictos vous indiqueront les effets de vos actions au jardin.

Certaines vous seront utiles à l'échelle de votre espace de vie, d'autres vous permettront d'agir à votre échelle pour la planète.

BREF RETOUR EN ARRIÈRE

Pour agir, il est utile de prendre du recul et de comprendre comment fonctionne le climat planétaire, sans pour autant entrer dans des détails trop techniques. Il s'agit également de prendre conscience que chaque activité humaine, chaque événement climatique local a un impact sur le fonctionnement global. En conséquence, chacun d'entre nous peut aggraver, ou voyons les choses d'une manière nettement plus positive, peut contribuer à ralentir l'inexorable réchauffement de la Terre.

Commençons par nous disculper un peu. Le changement climatique est une constante depuis que la Terre... est Terre. Sans revenir à la nuit des temps, remontons seulement de 21 000 années en arrière, dernier âge glaciaire. La température moyenne n'était alors que de 4 °C inférieurs à celle d'aujourd'hui. Pourtant, une véritable montagne de glace recouvrait toute l'Europe du Nord, des îles britanniques jusqu'à la Sibérie. De grands glaciers s'écoulaient des vallées alpines. Le niveau des océans était plus bas de 120 m. En Europe centrale, la mer Noire n'était pas encore connectée à la mer Méditerranée et formait une mer d'eau douce.

Le réchauffement (période interglaciaire) a démarré il y a 15 000 ans, les paysages de steppes étaient partout. Un exemple : le sud de la France abritait une végétation steppique parsemée d'îlots forestiers de pins, genévriers, bouleaux, avec des températures moyennes annuelles de 10 à 12 °C plus basses que maintenant. Les paysages devaient ressembler aux actuelles pelouses alpines de haute montagne. Plus au nord, la toundra dominait, au-delà, c'était la glace. Le réchauffement se poursuivant, la forêt s'est étendue.

L'évolution des paysages est un phénomène tout à fait naturel depuis la nuit des temps. Le souci est qu'en l'espace de deux siècles seulement, les activités de l'homme ont significativement accéléré la montée des températures.

Si nous prenons conscience que 4 °C de moins enveloppaient l'Europe de glace, essayons d'imaginer nos paysages avec 4 °C de plus, ce qui correspond à la hausse des températures que les experts nous prédisent en 2100 si nous n'agissons pas ! Un tel scénario conduirait la France à subir des canicules quasi permanentes en été, des sécheresses beaucoup plus longues que celles que nous avons connues. La moyenne montagne ne verrait presque plus de neige et les gelées disparaîtraient pratiquement partout en basse altitude. Aucune région ne serait épargnée. L'arc méditerranéen, les vallées du Rhône et de la Garonne vivraient des étés absolument torrides. Ne parlons pas de nos villes dont l'air deviendrait irrespirable…

Comprendre les échelles macroclimatiques qui influent sur mon jardin

Le système climatique est un ensemble dynamique complexe dont les composantes sont en interaction permanente. Le climat d'une région est défini par les données moyennes atmosphériques : températures, précipitations, ensoleillement, humidité et vitesse du vent, elles-mêmes résultant de la circulation des masses d'air et des courants marins planétaires.

L'INFLUENCE DU MACROCLIMAT

Le bioclimat regroupe l'ensemble des facteurs climatiques (circulation des masses d'air, des courants marins…) qui agissent sur les êtres vivants, à toutes les échelles, de la plus locale à la mondiale. Il influence et est influencé par les organismes biologiques.

La Terre est communément divisée en biomes ou écorégions pour décrire les principaux écosystèmes macrorégionaux. Cette répartition est basée sur une formation végétale dominante et présente des ensembles de paysages assez significatifs d'un contexte climatique et géologique. Un biome compte des communautés, animales et végétales, classées en fonction de la végétation dominante et caractérisées par les adaptations des organismes à leur environnement spécifique. C'est ainsi que l'on parle de toundra, de forêt tropicale ou tempérée, de désert… Mais cette définition ne tient pas compte des microclimats locaux ni de l'empreinte humaine sur les paysages.

Ces formations paysagères naturelles vont évoluer – et ont d'ailleurs commencé à se déplacer – avec le changement climatique. Connaître les biomes de sa région aide à mieux comprendre comment aménager son jardin et l'adapter à son climat. Certes, mais connaître les biomes qui vont s'installer dans sa région à cause du changement climatique aidera à mieux adapter son habitat et donc son jardin aux évolutions.

LA BIOSPHÈRE

La biosphère est l'ensemble des organismes vivants qui habitent la Terre et l'espace qu'ils occupent (air, terre, eau). Elle compte plusieurs millions d'espèces qui interagissent entre elles et avec leur milieu en permanence. La biosphère est le siège d'une interaction constante entre le milieu et les organismes qui y vivent. Les conditions de vie de la biosphère sont maintenues grâce à des cycles physico-chimiques (cycles du carbone, de l'eau, de l'azote…) qui permettent aux éléments de circuler entre les milieux et les êtres vivants.

LE CYCLE DE L'EAU

La vie biologique sur Terre la doit à une mécanique formidablement huilée, dont l'essentiel est lié au cycle de l'eau, lui-même dépendant du soleil. Sans eau, et dans une moindre mesure, sans lumière et oxygène de l'air, point de vie biologique.

Le cycle de l'eau résulte de trois types d'échange : les précipitations, l'évaporation (et l'évapotranspiration) et les déplacements de vapeur d'eau. On estime que 97,4 % de l'eau sur la planète est salée. C'est celle des mers et des océans. Sur les 2,60 % restants, l'élément est quasiment inutilisable, car immobilisée dans les glaciers et calottes glaciaires. Le stock d'eau douce ne représente que 0,01 % ! Et c'est sur ce stock, inégalement réparti dans le monde, que l'humain vit et que se fonde une grande partie des écosystèmes terrestres.

Qu'est-ce que l'eau verte et l'eau bleue ?

Une autre représentation du cycle de l'eau met en avant le rôle indispensable de la végétation et la fragilité de l'équilibre de la vie sur Terre. Elle différencie l'eau bleue – celle des océans, des lacs, des fleuves, des rivières et des nappes phréatiques, de l'eau verte issue de l'évapotranspiration – transfert d'une quantité d'eau vers l'atmosphère par l'évaporation au niveau du sol et par la transpiration des plantes. L'une est très visible, l'autre quasiment pas alors que c'est elle qui sert aux plantes et donc à notre alimentation.

Lorsqu'il pleut, une fraction de l'eau qui atteint le sol contribue à l'eau bleue par ruissellement superficiel et par drainage vers les nappes phréatiques. Elle représente environ 40 % de la masse totale des précipitations. Le reste constitue l'eau verte, stockée dans le sol et la biomasse, puis évaporée ou absorbée et évapotranspirée par les plantes avant de retourner dans l'atmosphère. Elle totalise 60 % de la masse des précipitations et représente donc une ressource majeure encore aujourd'hui sous-évaluée.

Dans la zone non saturée, partie supérieure des terrains dans lesquels les interstices contiennent aussi de l'air, l'eau n'est présente que sous forme d'humidité. Dans la zone saturée, l'eau occupe la totalité des vides disponibles (fissures, pores des sédiments ou des roches).

L'eau bleue utilisée par l'industrie et les ménages est en grande partie remise dans le circuit après traitement. L'eau verte est nécessaire pour alimenter et maintenir les processus au sein des écosystèmes.

La suppression de la végétation rompt ces cycles. Cela a pour conséquence de multiplier et d'aggraver même les épisodes de sécheresse et d'inondations.

En repensant les aménagements paysagers à l'échelle des territoires mais également en créant des îlots de fraîcheur dans son jardin, chacun d'entre nous peut contribuer à la régénération des cycles de l'eau verte.

Un jardin est un ensemble de microclimats

À l'intérieur même d'une région, selon le type de relief, la présence de l'eau ou la proximité d'un boisement, l'environnement et les conditions climatiques peuvent varier significativement.

QUELQUES EXEMPLES…

En bordure de fleuve, par exemple, la brume se dissipera plus tard que dans les alentours. Près d'une forêt, au niveau du sol, les températures seront plus fraîches qu'en rase campagne. Un plateau sera toujours plus sec qu'un fond de vallon, lequel a tendance à former des poches d'air froid.

En ville, la densité des immeubles, les courants d'air, l'asphalte des rues et les gaz d'échappement des voitures contribuent grandement à réchauffer et à dessécher l'atmosphère, indépendamment du climat habituel de la région.

À l'échelle même de votre cadre de vie, en fonction de l'orientation de votre appartement ou maison, et compte tenu de l'environnement (relief, vents dominants, paysages, bâtis de proximité), plusieurs microclimats se juxtaposent. Les connaître vous aidera à mieux organiser l'espace et à en optimiser la fraîcheur.

UNE QUESTION D'ORIENTATION

Le jardin est un assemblage de micro-parcelles aux caractéristiques variées (nature du sol, alternance ombre/soleil, pente, présence de l'eau, circulation de l'air...). La combinaison de celles-ci fait naître des microclimats différents. Certains sont visibles facilement comme la zone la plus fraîche, en hiver, que le soleil atteindra peu dans la journée et qui restera gelée plus longtemps. À l'inverse, l'endroit du jardin le plus clément vous sera indiqué... par le chat ! Là où il a l'habitude de faire la sieste en plein été vous désigne l'endroit le mieux tempéré du jardin. Notez les endroits les plus desséchants et ceux qui resteront dans l'ombre toute l'année. N'oubliez pas de relever la course des vents dominants, et en particulier de repérer les zones que ceux-ci dessèchent chaque été mais aussi de remarquer d'où viennent les brises rafraîchissantes. C'est grâce à ces observations que vous parviendrez à optimiser les ressources de votre jardin et à positionner au mieux les îlots de fraîcheur.

Ombres portées dans la journée

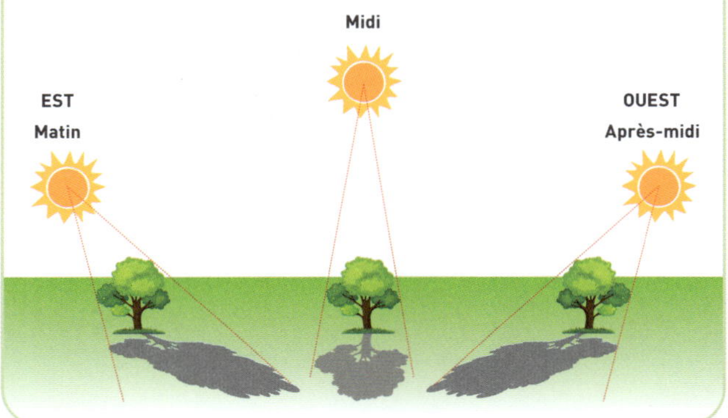

Variations selon les saisons

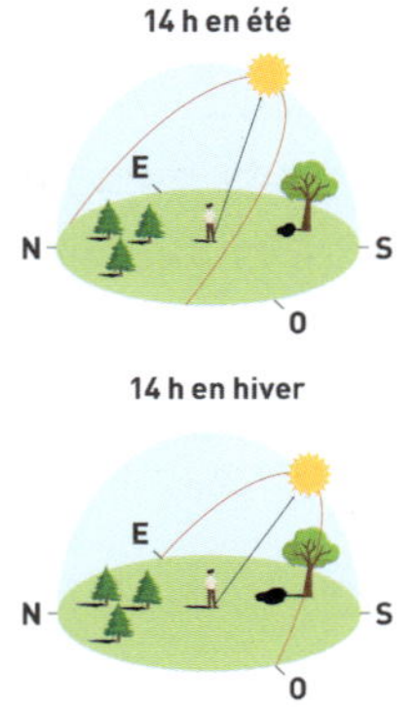

CRÉER DE L'OMBRE

Mais au fait, pourquoi l'ombre rafraîchit ?

La différence de température ressentie à l'ombre par rapport au plein soleil est de 5 à 10 °C. Ce qui n'est guère négligeable...

À L'ABRI DU RAYONNEMENT SOLAIRE

En fait, à l'ombre, nous sommes à l'abri du rayonnement solaire et l'astre ne nous chauffe plus. Notre corps ressent donc une température plus fraîche. Lorsque nous sommes exposés aux rayons directs du soleil, ce rayonnement réchauffe notre peau et rend les moyens naturels de refroidissement du corps moins efficaces pour nous rafraîchir. Le Soleil apporte l'énergie nécessaire au réchauffement de la Terre. Mais la façon dont l'air se réchauffe ne provient pas directement de ses rayons, mais plutôt de ce qu'ils vont réchauffer, c'est-à-dire le sol, la pierre, les matériaux, les objets, l'eau... Tous ces éléments, placés au soleil, vont réfléchir ses radiations dans toutes les directions, ce qui a pour conséquence de réchauffer l'air qui les entoure.

PETITE PRÉCISION

La fraîcheur ressentie par l'ombre va dépendre de la saison en fonction de l'angle d'inclinaison du soleil. Minimale en hiver, l'intensité des rayons sera maximale entre mai et juillet, sous nos latitudes (en France métropolitaine).

SANS EFFET DE SERRE, POINT DE VIE SUR TERRE

L'effet de serre nous permet de vivre sur Terre, ayant en permanence une température moyenne de 15 °C à sa surface. Nous en avons donc besoin. Toutefois, cet effet a été accentué en partie par les activités humaines – émission de gaz à effet de serre (CO_2, méthane, protoxyde d'azote, hydrofluorocarbures, perfluorocarbures...), générant une accélération du réchauffement climatique, qui représente des dangers pour les êtres vivants.

Cet effet s'appelle ainsi par analogie à ce qu'il se passe sous une serre, où s'accumule de la chaleur générée par le soleil. Une grande partie de cette énergie sous forme d'infrarouge reste dans la serre, entraînant un réchauffement immédiat et durable de l'atmosphère. En ce qui concerne la Terre, le principe est identique. L'énergie du Soleil parvient sur Terre sous la forme d'un rayonnement de courte longueur d'onde. Cette énergie est absorbée par les nuages dans l'atmosphère ou rejetée vers l'espace, mais une part importante atteint le sol qui l'absorbe avant d'être redirigée vers l'atmosphère sous forme de rayon infrarouge. Plus cette part d'infrarouge augmente, plus la température à la surface de la Terre augmente.

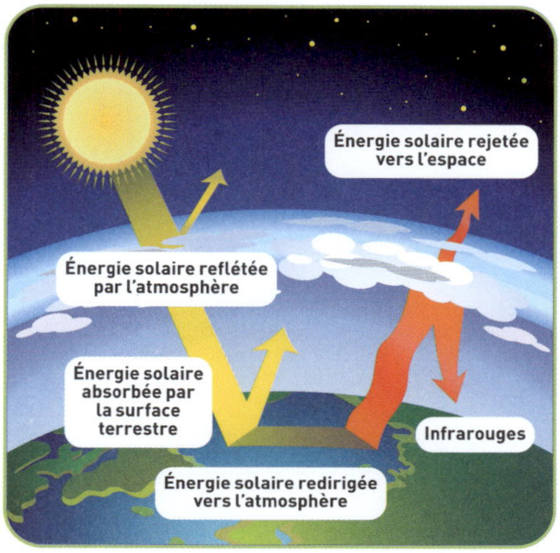

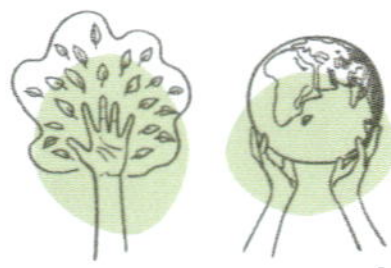

L'OMBRE PAR LE VÉGÉTAL

L'arbre, roi de l'ombre

Par sa dimension, la largeur de sa cime, la taille de ses feuilles, leur nombre et sa longévité, l'arbre adulte est un champion du rafraîchissement. Ce n'est guère un hasard s'il est tant sollicité dans les villes pour tenter de limiter l'effet des îlots de chaleur urbains.

PETIT RAPPEL DE BIOLOGIE

Pour prendre la mesure de l'importance de la végétation dans l'apport de fraîcheur, il est intéressant de comprendre pourquoi et comment fonctionnent les plantes. Durant la journée, les stomates – pores avec de petits orifices (ostioles) situés sur et sous les feuilles – s'ouvrent, laissant perler de l'eau. Celle-ci s'évapore au contact de l'air. Pour passer de l'état liquide à l'état gazeux, l'eau puise de l'énergie dans l'air, réduisant ainsi la température environnante.

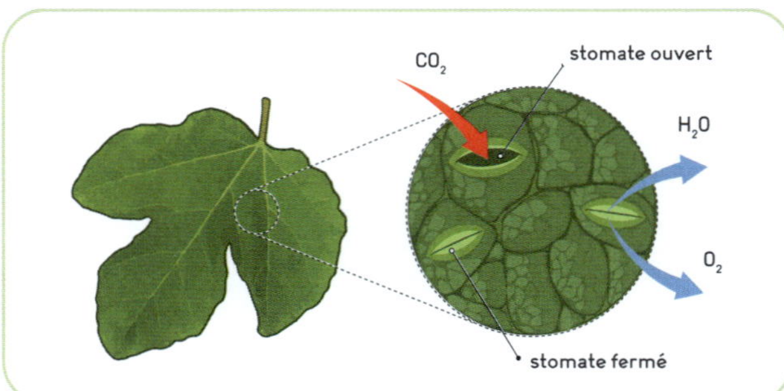

Autre facteur rafraîchissant des arbres cette fois, plus ceux-ci prennent de l'âge, plus leur ramure (la canopée) se développe. Plus le nombre de feuilles est conséquent. Ces milliers de feuilles font écran aux rayons du soleil, limitant le dessèchement du sol et la chaleur de la lumière solaire. Tout être vivant s'abritant sous son ombre a donc la sensation de fraîcheur.

UNE QUESTION DE FEUILLAGE

L'ombrage est variable selon de feuillage des arbres : **caducs** – rappelons-le, ce sont les espèces qui perdent la totalité de leur feuillage chaque automne ; **persistants** – qui conservent leur feuillage en hiver mais le renouvellent régulièrement ; ou enfin **marcescents** – qui renouvellent l'ensemble du feuillage chaque printemps tout en conservant les feuilles sèches en hiver, comme le hêtre, le charme, certains chênes. Les premiers ont une ombre douce en début de saison, lorsque les feuilles sont jeunes et laissent filtrer la lumière en hiver lorsque les feuilles sont tombées. Les deuxièmes ont souvent une ombre plus dense et égale été comme hiver. Quant aux troisièmes, leur ombre est un peu plus légère en hiver qu'en été. C'est un critère à prendre en compte selon l'objectif souhaité.

La densité de feuilles varie également selon l'âge de l'arbre certes, mais aussi selon l'espèce. Même s'il est difficile d'établir un classement en la matière, il est possible d'affirmer que le mûrier blanc figure parmi les arbres qui assurent l'ombrage le plus important sous sa canopée. Les essences à grandes feuilles sont plus rapidement efficaces, en particulier lorsque leur croissance est rapide. C'est le cas du catalpa, du paulownia. Le saule pleureur offre l'ombrage le plus généreux en raison de la longueur et du nombre de ses branches.

Plusieurs types d'ombre

L'ombre d'un arbre peut être diversement ressentie. Celle-ci est plutôt « lumineuse » avec le platane, l'albizia, le févier d'Amérique doré ; légère avec le pin de l'Himalaya, le tamaris, l'olivier ; ou dense et sombre sous le néflier, le chêne, ou encore la plupart des conifères.

L'OMBRE PAR LE VÉGÉTAL

Une question de silhouette

La diversité des espèces et des cultivars s'exprime autant par la taille de l'arbre, son feuillage que par sa silhouette. Ce dernier point est tout aussi important que les deux premiers lors du choix pour créer de la fraîcheur au jardin. Un seul sujet peut remplir tous vos objectifs.

DES FORMES TRÈS VARIÉES

Il y a les parasols, les boules, les pleureurs ou encore les colonnaires. Ces termes font référence à la silhouette de chaque espèce et à l'intérieur d'une espèce de certains cultivars.

Si l'ombre portée au sol paraît évidente lorsqu'on évoque une forme en parasol ou en boule, les formes colonnaires – dont le port est droit comme une colonne, ne produisent pas beaucoup d'ombre, me direz-vous. Certes. Toutefois, ces essences sont très intéressantes à proximité de la maison pour faire écran au soleil en été et rafraîchir les pièces sans risquer que des branches viennent cogner aux fenêtres (voir chapitre 3). De nombreux cultivars présentent cette caractéristique comme un cerisier du Japon (*Prunus serrulata* 'Amanogawa'), l'érable de Freeman (*Acer rubrum* 'Armstrong') sans oublier le cyprès, bien sûr. On dénomme également cette forme, fastigiée.

À NOTER

Dans ces pages, sont évoqués les bienfaits d'un arbre isolé. La question de l'association en bosquet et mini-forêts sera abordée ultérieurement.

Enfin, un arbre pleureur comme le saule ou encore le mûrier (*Morus alba* 'Pendula') crée une voûte naturelle à l'image d'une tonnelle. Il est adapté à l'installation d'un salon de jardin.

À CHAQUE FORME SA PLACE AU JARDIN

Les arbres de **port arrondi (1)**, voire en « boule », sont de belle ampleur. Leur envergure peut dépasser les 4 m. Ils ont besoin de place au jardin et sont particulièrement recommandés pour créer des zones d'ombrage. Les arbres de **port étalé (2)** sont de grande envergure, dépassant souvent les 6 m de large. Ils sont parfaits pour l'ombrage mais sont à éloigner de la maison. Les arbres de **port colonnaire (3)** ou fastigié sont élancés et peu larges. Ils peuvent monter très haut et dépasser la hauteur de la maison à l'image des cyprès de Florence. Les arbres de **port pleureur (4)** créent de belles voûtes et sont particulièrement graphiques, y compris en hiver après la chute des feuilles. Leur envergure est imposante et ils sont à réserver aux grands jardins et à éloigner de la maison.

(1) (2) (3) (4)

Adaptez le choix de votre arbre à la taille de votre jardin. Un arbre pour 150 m² de terrain paraît une densité raisonnable.

SUR TIGE OU EN CÉPÉE ?

La diversité des arbres et des arbustes permet de choisir sa forme selon l'effet souhaité. Certaines sont naturelles ; d'autres demanderont quelques interventions pour s'adapter à vos intentions.

Ainsi, un arbre sur tige et à port en boule (la forme naturelle du *Catalpa bignonioides* par exemple) est facile à obtenir pour la simple raison que vous n'avez pas à prévoir de taille de formation. Il vous faudra simplement surveiller de temps à autre son développement en taillant quelques branches, en veillant toujours à maintenir l'équilibre général.

Une cépée est un arbre qui a été taillé pour obtenir plusieurs troncs. Son port compact et étalé est idéal pour procurer de l'ombre sur une terrasse, par exemple. Cette forme est souvent très graphique, surtout si vous choisissez une essence aux troncs colorés comme ceux de l'arbousier.

Les arbres adaptés à la taille en cépée

- Amélanchier
- Arbousier
- Heptacodium
- Lilas des Indes
- Parrotia
- Fusain ailé

UNE VARIANTE, LE PARASOL VIVANT

On a tous en tête le pin parasol (*Pinus pinea*). Un tronc élevé et une couronne plate le caractérisent. Toutefois, il peut atteindre une vingtaine de mètres de haut. D'autre part, il conserve longtemps un port globuleux tant sa croissance est lente. Sans parler de sa sensibilité au gel. Heureusement, il existe d'autres solutions pour les petits jardins. Des espèces telles que l'albizia ou encore le mûrier platane offrent un bon compromis. Moyennant quelques tailles, il est possible d'accentuer encore cet effet parasol (voir pages suivantes).

Comment choisir face au changement ?

Les changements climatiques nous obligent à revoir notre mode de vie. Une des meilleures solutions pour réduire l'effet des changements est de planter des arbres partout ! D'accord, toutefois, ces changements impactent également la végétation et les paysages. Sachant qu'un arbre est implanté pour des décennies voire davantage, comment prévoir l'avenir ? Comment choisir la bonne essence ? Aucune solution miracle mais quelques principes de bon sens vous aideront. Le premier d'entre eux est la connaissance de son jardin aujourd'hui, ses points forts, ses points faibles, du ciel au sous-sol. Ensuite, aucune précipitation, bien se renseigner sur les espèces les mieux adaptées aux conditions locales et à vos souhaits en renonçant parfois à un coup de cœur. Enfin et surtout, l'installation doit être faite avec soin.

ASSURER UN BON DÉPART

À la plantation, de préférence à l'automne, ouvrir une fosse dans le sol d'un mètre en tous sens et ajouter compost et bonne terre de façon à assurer un bon départ. Prévoir une cuvette de rétention d'eau, car l'arrosage en période sèche est indispensable pendant les deux années qui suivent la plantation afin de lui permettre de développer son système racinaire.

Arbousier

Heptacodium

Pin parasol

Albizia

Mûrier platane

Créer un arbre parasol

En dehors de sa forme naturelle qui peut déjà satisfaire votre objectif d'ombre, l'arbre peut être façonné pour accentuer l'effet souhaité. Toutefois, veillez toujours à respecter son « bien-être » en ne le mettant jamais en danger par une taille abusive, ce qui le fragilisera et l'exposera aux maladies et parasites.

BIEN LE FORMER...

Choisissez une essence ou une variété qui a naturellement un port étalé. Le mûrier platane (*Morus alba*) est idéal pour cette taille parasol. Il est d'ailleurs très souvent utilisé en ville pour ombrer les places car, à la différence du platane ou du pin parasol, il conserve une taille raisonnable, moyennant quelques attentions jardinières. Seul souci, ses fruits sont nombreux et tachent ! Une variété stérile telle que *Morus kagayamae* 'Fruitless' réglera le problème.

Sa formation en parasol (également dénommée plateau) a souvent été débutée par le pépiniériste. Il vous revient la tâche de prolonger le travail durant 2 à 5 ans selon la hauteur du parasol souhaitée. Pour cela, taillez, en fin d'hiver ou début du printemps, les prolongements des branches et les rameaux proches du centre et de l'axe central pour favoriser le développement des branches extérieures et ainsi former un parasol. Supprimez

Les meilleurs arbres parasols

Ces exemples sont classés du plus petit parasol au plus grand.

- Mûrier platane (*Morus alba* ou *Morus kagayamae* 'Fruitless")
- *Prunus serrulata* 'Kanzan'
- Pommier d'ornement (*Malus* 'Red Sentinel')
- Albizia
- *Robinia pseudoacacia* 'Umbraculifera'
- *Ginkgo biloba* 'Horizontalis'
- Bouleau pleureur (*Betula pendula* 'Youngii')
- Tilleul commun (*Tilia europaea* 'Pallida')
- Chêne des marais (*Quercus palustris*)
- Platane (*Platanus acerifolia*)
- Pin parasol (*Pinus pinea*).

environ un tiers de la longueur des autres branches pour favoriser la ramification et donc l'étalement du parasol. Vous pouvez vous aider d'une structure de palissage.

... ET L'ENTRETENIR

Une fois formé, l'arbre en parasol aura besoin d'une taille d'entretien qui consiste à accompagner le développement des branches latérales en supprimant celles qui auraient tendance à s'élever à la verticale et en retirant systématiquement tout départ de l'axe central et branches trop basses. Taillez les branches latérales plus ou moins sévèrement selon l'espace qui leur est alloué.

L'OMBRE PAR LE VÉGÉTAL

Pourquoi pas un bosquet ?

En matière d'ombre au jardin, l'idéal est de recréer l'écosystème naturel de l'ombre à savoir la forêt. En effet, l'arbre isolé fait figure de « parasol ». Il est planté pour satisfaire un objectif. Dans la nature, l'arbre n'est jamais seul.

DE QUOI S'AGIT-IL ?

Une surface de 200 m^2 suffit pour créer un bosquet. Celui-ci rompt la monotonie des massifs et assure une zone paisible où il fait bon se reposer au frais en cas de forte chaleur. Imaginez-le à distance de la maison, en rupture visuelle avec les voisins par exemple et/ou là où vous avez besoin de couper l'arrivée de vents trop violents. Le bosquet est constitué de trois strates (étages) de végétation. La **frondaison d'arbres** mêle espèces à feuillages caduc et persistant pour un effet toute l'année – sur 200 m^2, prévoir 3 à 4 espèces différentes, de taille moyenne.

PENSE-BÊTE

Si le bosquet est placé en limite de propriété, respectez la distance de plantation avec la propriété voisine : aucun arbre de plus de 2 m à l'âge adulte à moins de 2 m de la clôture. Espacez chaque arbre de 5 m. Plantez arbres et arbustes à l'automne. Paillez abondamment le sol (10-20 cm d'épaisseur) à l'aide de copeaux de bois, de feuilles... Les plantes vivaces peuvent être installées soit en début d'automne soit au printemps.

La **strate arbustive** donne la structure au sous-bois – 4-6 espèces différentes en incorporant des essences fruitières. La **strate herbacée** en sous-bois est composée de plantes couvre-sol et d'autres (comme des bulbes) qui pourront se multiplier toutes seules.

Pour gagner du temps, planter des arbres déjà grands ?

Non, car leur reprise sera plus compliquée. Une déception qui risque donc d'être d'autant plus grande que la dépense aura été conséquente.

La végétation est à choisir en fonction des conditions de climat et de sol de votre jardin. Plantez de jeunes arbres et arbustes qui auront ainsi le temps de s'adapter les uns aux autres. Concernant la flore de sous-bois, vous pouvez attendre quelques années avant de l'installer, lorsque le milieu aura commencé à prendre forme.

AVANT DE VOUS LANCER...

Faites un plan de plantation documenté à partir des caractéristiques de chacun des sujets choisis (taille et encombrement à l'âge adulte, harmonie de couleur, de texture...) en n'oubliant pas de prévoir le cheminement et pourquoi pas une placette, lieu de vos futures siestes.

Le bosquet est un milieu qui devra vivre tout seul une fois les strates installées comme dans une forêt. Les feuilles et les branches mortes tombées au sol sont à laisser sur place pour renforcer l'humus et nourrir l'écosystème.

Suggestion d'arbres et arbustes pour bosquet

- **Arbres**
  Bouleau
  Érable de Mandchourie
  Parrotia
  Robinier faux-acacia

- **Arbustes**
  Noisetier
  Aubépine
  Cornouiller sanguin
  Sureau
  Viorne

LES ACCESSOIRES DE L'OMBRE

Petite histoire des fabriques de jardin

L'art du jardin pratiqué par les jardiniers et les paysagistes s'appuie depuis longtemps sur des structures ornementales pour embellir, mettre en scène, créer un point de vue et aussi servir d'abri et d'îlot de fraîcheur.

UNE QUESTION DE VOCABULAIRE

Ces structures ont été regroupées sous le terme de fabriques, petites constructions de jardin comportant un espace intérieur servant de ponctuation à la promenade en ménageant des vues, et en offrant au promeneur un lieu de repos à l'abri des intempéries. On trouve pêle-mêle : le cabinet de treillage, de petite taille mais permettant de s'asseoir à l'abri ; le salon de treillage, de plus grande dimension ; la gloriette, une fabrique ouverte sur les côtés et couverte en coupole ; la tonnelle, petite fabrique de treillage souvent arrondie couverte en dôme – aujourd'hui souvent utilisée pour définir une tente de jardin. La treille est une variante de la tonnelle généralement couverte de vigne. Ces fabriques peuvent être plus conséquentes encore lorsque sont évoqués les termes de belvédère, de kiosque et enfin celui de pergola.

ZOOM SUR LA PERGOLA

Cette dernière, originaire du pourtour méditerranéen définit un portique constitué de colonnes ou poteaux portant directement des linteaux et des solives formant une sorte de tunnel, couvert de plantes grimpantes. Aujourd'hui, la pergola désigne souvent une structure parfois adossée à la maison munie d'une toiture à ombrage téléguidé et qualifiée de bioclimatique. Elle est souvent destinée à créer une terrasse-salle à manger extérieure. Nous nous contenterons, dans ces pages, d'évoquer les pergolas non consommatrices d'énergie et supports à végétation.

ET LES OMBRIÈRES ?

Plus simples encore mais moins rafraîchissantes, les ombrières en toile ou en lames de bambou sont assimilées à des parasols. Certes, elles procurent de l'ombre, mais leur faculté à rafraîchir est moins évidente que dans les cas de treille, gloriette et pergola lesquelles ont un rôle dans la création d'îlots de fraîcheur grâce aux vertus des plantes.

Pergola vs tonnelle

Vis-à-vis de l'administration fiscale, une tonnelle est une structure provisoire *a contrario* de la pergola. Résultat, si la surface de votre pergola est comprise entre 5 et 20 m², une déclaration préalable de travaux sera nécessaire.

Tonnelle

Pergola

Choisir et installer sa fabrique

En termes de matériaux, de taille et de style, vous avez le choix, à adapter selon vos goûts, bien sûr, mais aussi en fonction de l'usage de la gloriette, de la treille ou de la pergola.

EN POINT FOCAL

La tonnelle comme la treille doit se voir ! Elle s'installe de préférence dans un endroit dégagé et pourquoi pas visible depuis la maison. Elle peut être entourée de gazon ou faire partie d'un cheminement. Quoi de plus réjouissant que de découvrir cet abri au détour d'un chemin, de s'y reposer, d'y observer le jardin, de humer les parfums...

UNE PROMENADE COUVERTE

La pergola de jardin accompagne le promeneur dans sa visite. Sa structure est modulaire. Un élément servira de portique pour créer une rupture, ouvrir sur une perspective. Mais c'est l'assemblage de plusieurs éléments qui va créer un tunnel rafraîchissant. La pergola doit être plus haute que large. Trop longue, elle peut être oppressante. Sa hauteur est en général comprise entre 2,20 et 3 m. Sa largeur doit permettre au minimum à deux personnes de s'y promener côte à côte. La pergola peut aussi être adossée à la maison.

PENSE BÊTE

Choisissez un endroit abrité pour limiter la prise au vent de la structure. Montez-la de préférence sur un sol stable et plan. Assurez-lui un bon ancrage. Si la structure est en bois, prévoyez d'isoler les poteaux en bois de l'humidité du sol.

LA VÉGÉTATION FAIT L'OMBRE

À part certaines gloriettes équipées d'un dôme occultant, la plupart de ces fabriques de jardin sont un assemblage de tubes en métal ou de poteaux et lambourdes en bois. L'ombre sera créée par la végétation qui va coloniser la structure. Les plantes grimpantes sont idéales dans ce cas. Veillez à adapter la qualité de la structure à la force des plantes choisies. Une clématite n'a pas la même portance qu'une glycine. Choisissez également des espèces à croissance rapide et qui se taillent facilement. Plus la feuille est de grande taille plus le pouvoir couvrant est intéressant. Attention toutefois au moment de la floraison, les insectes pollinisateurs seront nombreux et en fin de fructification, les fruits tombent et peuvent tacher le mobilier installé dessous.

Suggestion de plantes grimpantes pour tonnelle, treille, pergola…

Akebia quinata
Bougainvillier
Chèvrefeuille
Clématite
Glycine
Houblon
Kiwi d'ornement
Morelle faux-jasmin
Rosier liane
Vigne

Tonnelle

Treille

Un jardin d'ombre sur sol plutôt frais

N-1 (un an avant)

POINT DE DÉPART : PRÉPARER UN AN AVANT

Si vous partez d'un terrain nu, la création du jardin doit se faire par étape en commençant par le choix de l'emplacement. Inutile de voir trop grand au départ, il sera toujours possible d'étendre sa surface par la suite si besoin. L'essentiel, à ce stade, est de réfléchir à la forme, aux couleurs, aux textures, à l'évolution saisonnière de l'aménagement souhaité.
Un conseil, une harmonie de couleurs vertes, blanches, jaunes, bleues participe à la sensation de fraîcheur.
Dessiner sommairement le jardin en tenant compte dès maintenant des strates : une strate haute composée d'arbustes ou de petits arbres en cépée et une strate herbacée de plantes vivaces et de petits arbustes. Penser aux cheminements et aux placettes et à l'harmonie du végétal avec les autres éléments du jardin (pierre, bois...).

SÉLECTIONNER LA VÉGÉTATION DE LA STRATE HAUTE

En fonction du climat et du sol du jardin, puis de vos souhaits, établir une liste des espèces et/ou variétés que vous aimeriez associer. Privilégier les arbustes ou petits arbres à feuillage caduc et conduits en cépée pour constituer la canopée.
Selon la taille du jardin à créer, prévoir un arbuste ou arbre tous les 7-8 m de façon à laisser filtrer un peu de lumière entre eux. Le lilas des Indes, le parrotia, l'amélanchier sont de bons candidats à ce type de composition. Ajouter à la liste quelques arbustes d'ombre ou mi-ombre qui seront taillés pour rester compacts. On peut citer les hydrangéas comme *H. arborescens* 'Annabelle' ou *H. paniculata* 'Limelight', l'oranger du Mexique (*Choisya ternata* 'Aztec Pearl'), le *Mahonia* 'Soft Caress' ou encore, sur sol acide, un camélia nain.

N

COMMENCER LES PLANTATIONS À L'AUTOMNE

Délimiter les contours à la craie ou à l'aide d'une corde. Préparer le terrain. Disposer au sol et aux endroits impartis les arbres et arbustes dans leurs pots pour valider la composition. Rectifier leur position si besoin avant de les planter.

N+1 (année suivante)

SÉLECTIONNER LES PLANTES VIVACES

Profiter de l'hiver qui suit la plantation des arbres pour choisir la gamme des vivaces d'ombre qui seront plantées soit au printemps suivant soit à l'automne.
Le choix, toujours déterminé par le climat et le sol du jardin, peut se porter sur des espèces d'ombre ou de mi-ombre. Préférer des plantes vivaces qui se naturalisent, c'est-à-dire qui vont se reproduire année après année et garnir le sol comme le cyclamen, le lierre, la pervenche, l'helxine. Ajouter à la liste quelques espèces graphiques comme les fougères, l'hosta, le liriope, le géranium vivace, la consoude, la bugle rampante.

N+2 et suivantes

QUAND LES ARBRES ONT COMMENCÉ À POUSSER

Éliminer les branches basses des arbres et arbustes en cépée de façon à obtenir de véritables sculptures végétales qui laissent filtrer le regard dans le jardin d'ombre. Résultat, la fraîcheur est là en été et la lumière tamisée permet à l'ensemble de la palette végétale de pousser.

Un jardin d'ombre sur sol sec

NE PAS SE PRÉCIPITER

Repérer l'emplacement du jardin qui accueillera le mieux un à deux arbres, pourquoi pas à proximité de la maison. Ces arbres sont destinés à devenir suffisamment grands pour que leur ombre portée filtre les rayons du soleil, tamise la lumière sans créer de zones sombres. La végétation implantée à son pourtour contribuera à ajouter de la fraîcheur à l'ambiance.

CHOISIR L'ARBRE

Inutile de le voir très haut. Une cime étalée fera l'affaire. Le choix doit se porter essentiellement sur l'espèce la mieux adaptée aux conditions du jardin (climat, sol, topographie). Parmi les essences qui allient tronc assez court et effet parasol, on peut citer l'albizia, l'arbousier, l'olivier.

CRÉER UN COCON DE FRAÎCHEUR

L'ajout d'une pergola adossée à la maison permet d'isoler davantage des rayons du soleil tout en laissant filtrer l'air. Dans un premier temps recouverte d'une ombrière, elle sera le support idéal d'une vigne ou d'un bougainvillier ou encore d'un jasmin étoilé. Année après année, le couvert s'épaissira et créera davantage de fraîcheur.

SOUS L'ARBRE, DE LA COULEUR ET DES PARFUMS

Dans les régions où la chaleur est insupportable en milieu de journée, le jardin d'ombre est surtout apprécié le matin et à partir de la fin de l'après-midi, quand le soleil est moins violent et que les plantes expriment alors leurs senteurs. C'est l'endroit idéal pour un massif coloré et parfumé. La luminosité à l'ombre de l'arbre est telle que la gamme végétale est large. Parmi les plantes possibles, selon les conditions locales : l'acanthe, *Ceratostigma plumbaginoides*, le ciste des Corbières, le tulbaghia, les sauges diverses (*Salvia microphylla, S. greggii*, – dans le Sud), les céanothes, *Grevillea rosmarinifolia*, les lavandes…

Un arbre est déjà là, mais c'est le désert autour de lui

Même en dehors du climat sec du Sud, il est possible d'avoir à aménager un coin à l'ombre sur sol sec. L'un des exemples les plus fréquents est celui du pied d'arbre. Le problème est que la terre autour du tronc peut être très difficile à travailler, compacte et sèche en raison de la présence des racines. Il est recommandé de sélectionner des végétaux qui ne nécessitent pas beaucoup d'eau ou de nutriments tels que les pervenches, les *Carex* (en particulier *Carex oshimensis* 'Everillo'), différentes fougères et des petits arbustes comme le fusain (*Euonymus pulcherus, E. compactus*).
Pour leur donner toutes les chances de reprise, une astuce : créer une butte de terre à proximité de l'arbre pour y installer les nouveaux venus.

DE NOUVELLES PRATIQUES DE JARDINAGE

Créer un jardin-forêt gourmand

On y pense moins mais le potager souffre également du changement climatique. Cultiver à découvert des rangs de légumes oblige à pailler et à arroser de plus en plus fréquemment. C'est le moment de changer radicalement de méthode. Le potager et le verger, même sur les plus petits espaces de jardin, peuvent devenir un jardin-forêt gourmand alliant utile et agréable.

LE PRINCIPE

Chaque plante introduite sert à une autre ou au bien-être global. Le jardin-forêt gourmand consiste à trouver l'équilibre entre l'ombre et la lumière et à optimiser tous les étages de végétation du sous-sol à la canopée. Selon l'ensoleillement et la pluviométrie de votre région, la densité d'ombre nécessaire ne sera pas équivalente. Dans les régions méridionales, on parlera d'une ombre alors que dans les régions septentrionales, le terme de mi-ombre sera plus approprié. Dans ce dernier cas, la canopée des plus grands arbres laissera davantage passer la lumière de façon qu'au printemps le sol se réchauffe plus rapidement que s'il était totalement à l'ombre. À l'inverse, dans les régions à climat sec, tout doit mis en œuvre pour qu'il ne se dessèche pas trop en été et que les rayons du soleil ne brûlent pas la végétation.

LA MISE EN PLACE

Le plan du jardin-forêt gourmand est spécifique à votre contexte climatique. Il est donc essentiel d'observer son terrain et de choisir son emplacement selon les zones ombragées à différents moments de la journée et selon les saisons (voir p. 11).

Les arbres les plus hauts sont placés au nord, et les plantes les plus basses au sud pour optimiser l'utilisation des ombres et des lumières par la végétation, L'espace entre les arbres est calculé pour laisser filtrer assez de lumière pour la végétation implantée dessous. Enfin, consacrez les zones les plus ensoleillées aux plantes potagères.

Les 7 strates du jardin-forêt gourmand

- La canopée est formée par de grands arbres type tilleul, châtaignier, cerisier, certains poiriers.
- La 2e strate est composée d'arbres fruitiers de plus petite taille tirant parti de la mi-ombre : abricotier, prunier, noisetier, amélanchier.
- La 3e strate est celle des arbustes buissonnants qui aiment l'ombre tels que le groseillier, cassissier, aronie, framboisier.
- La 4e strate est constituée de plantes herbacées : les légumes vivaces et annuels.
- La 5e est celle des plantes comestibles qui vont couvrir le sol, le protéger de la chaleur et de la sécheresse : fraisier, menthe.
- La 6e est moins visible puisqu'il s'agit de la rhizosphère. C'est le domaine des légumes-racines, des tubercules et cormes.
- La 7e strate est occupée par les plantes grimpantes : vigne, kiwi, haricots...

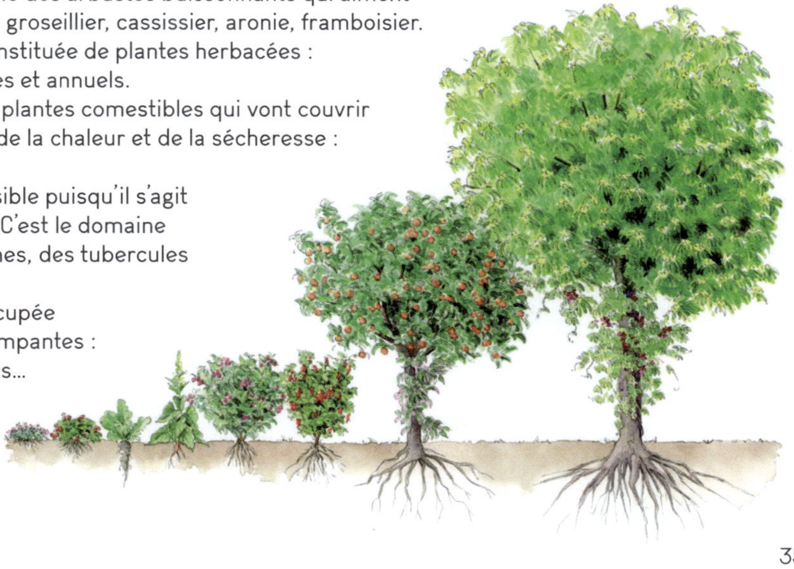

LES MEILLEURS ARBRES À ISOLER À FEUILLAGE CADUC

ARBRE À MIEL
(Tetradium daniellii syn. Euodia daniellii)

Arbre rustique à croissance rapide et de taille moyenne. Ses feuilles sont caduques et mesurent jusqu'à 50 cm de long. Elles sont pennées, luisantes et peuvent compter jusqu'à 11 folioles, de couleur vert foncé virant au jaune à l'automne.

10-12 m / 4-5 m.

Son port étalé et ses grandes feuilles offrent un bel ombrage du printemps à l'automne.

ARBRE DE SOIE
(Albizia julibrissin)

Petit arbre à feuillage finement découpé, comparable à celui du mimosa. Cette finesse se poursuit au moment de la floraison estivale en petits plumeaux roses. Sa croissance est rapide. Il est idéal pour un petit jardin. À exposer au sud dans les régions à hivers humides.

5 m / 6 m.

Son port étalé faisant parasol en été tout en laissant passer la lumière en hiver.

Hauteur/Largeur (à maturité)
Atouts
Photos dans l'ordre de lecture.

CATALPA BOULE
(C. bignonioides 'Nana')

Petit arbre à grandes feuilles en forme de cœur. Le cultivar 'Nana', greffé en haute-tige, est intéressant pour son port compact, rond. Adapté aux espaces restreints. Sa croissance est assez lente.

4 m / 3 m.

Son port en boule et son tronc fin en font un excellent parasol du printemps à l'automne tout en laissant passer la lumière en hiver.

CHÊNES *(Quercus sp.)*

Les chênes sont de vénérables arbres tant par l'âge qu'ils peuvent atteindre que par leur forme, leur couleur et leur ampleur. Certains poussent plus rapidement que d'autres comme le chêne des marais (*Quercus palustris*), dont le feuillage profondément lobé et découpé, vert brillant, vire au rouge écarlate en automne, ou encore le chêne de Hongrie (*Q. frainetto*), aux grandes feuilles très lobées, vert vif et duveteuses, blanchâtres au revers. À réserver aux grands jardins.

20-25 m /12 m.

Le chêne des marais peut facilement être conduit en espalier (en forme de parasol). Le chêne de Hongrie offre un bel ombrage avec un port conique, jeune, s'arrondissant ensuite.

ÉRABLES *(Acer sp.)*

Quatre sélections sont retenues pour créer de l'ombre au jardin : l'érable à feuilles de frêne doré (*Acer negundo* 'Kelly's Gold'), petit arbre à croissance rapide dont les teintes dorées illuminent un coin de jardin ; l'érable champêtre (*A. campestre*) supporte sécheresse, pollution, taille et développe de nombreuses petites feuilles ; l'érable boule (*A. platanoides* 'Globosum') aux feuilles panachées découpées comme celles du platane est de taille moyenne et de forme compacte. L'érable de Cappadoce (*A. cappadocicum* 'Aureum') est un arbre plus grand que les précédents aux belles couleurs dorées, et au port compact.

6-10 m / 4-6 m.

A. negundo 'Kelly's Gold', l'érable boule et l'érable de Cappadoce doré présentent un port arrondi et un tronc unique pour un effet parasol. L'érable champêtre peut être conduit en cépée, en haie ou en bosquet.

LILAS DES INDES *(Lagerstroemia indica)*

Petit arbre à floraison estivale (déclinaison de rose) se parant de belles couleurs automnales avant la chute des feuilles et d'une écorce du plus bel effet. Sa croissance est rapide.

4-5 m / 3 m.

Conduit en cépée, ce petit arbre peut s'étaler et offrir un coin ombragé dans un petit jardin.

MÛRER À FEUILLES DE PLATANE *(Morus bombycis)*

C'est un petit arbre au port d'abord arrondi, puis s'étalant petit à petit. Les feuilles à trois lobes sont très grandes (20 à 25 cm), vert foncé et brillant, plus claires au revers. À la suite de la floraison apparaissent des mûres sucrées et juteuses, rouges virant au noir à maturité. Précaution : ses fruits tachent les vêtements. Préférer la variété 'Fruitless', stérile, qui ne produit pas de fruits.

7 m / 6 m.

Ses branches se développent en largeur pour former un véritable parasol naturel protégeant de la chaleur estivale. L'effet parasol peut être accentué par la taille.

TILLEUL DE HENRY *(Tilia henryana)*

C'est un arbre à croissance rapide. Outre sa floraison estivale blanc crème et parfumée, ses feuilles en forme de cœur teintées de rose au printemps, puis vert foncé brillant en été, et jaunes en automne sont du plus bel effet. En août-septembre, vous profiterez de sa floraison décorative blanc crème parfumée. Il convient aussi bien aux petits qu'aux grands jardins.

9 à 15 m /6 à 8 m.

Sa couronne large offre une belle surface d'ombre en isolé. Il peut aussi être planté en alignement le long d'une allée.

LES MEILLEURS ARBRES À ISOLER À FEUILLAGE PERSISTANT

ARBOUSIER
(Arbutus unedo)

C'est un petit arbre (5-8 m) à port arbustif et à feuillage persistant. Fleurs et fruits sont présents en même temps à l'automne. Les fleurs en forme de clochette sont parfumées et attirent les insectes pollinisateurs. Les fruits, ronds et rouges (arbouses) sont comestibles. L'écorce prend de belles teintes lorsqu'elle s'exfolie. Sa croissance est lente.

5 m / 4 m.

Son port est étalé, car l'arbousier a tendance à former plusieurs troncs.

CHÊNE VERT *(Quercus ilex)*

Typique des forêts méditerranéennes et de la garrigue, cet arbre de taille moyenne résiste à beaucoup de conditions extrêmes dont la sécheresse. À la faveur du changement climatique, le chêne vert étend sa zone de répartition vers les littoraux atlantique. Sa croissance est lente et sa longévité remarquable. Son écorce est lisse, gris cendré devenant noir charbon. Ses feuilles, entières ou dentées, sont vert foncé sur le dessus et gris argenté.

12 m / 10 m.

Le chêne vert présente un port étalé, offrant une ombre compacte sous sa canopée.

GOYAVIER DU BRÉSIL OU FEIJOA *(Acca sellowiana)*

Très bel arbuste fruitier aux feuilles vertes persistantes poudrées d'argent et aux fleurs blanches et étamines rouge vif de mai à fin juin. Les fruits, petits et charnus, ne mûrissent que dans les régions à climat doux. Sa croissance est lente.

4 m / 2 m.

Son port touffu et sa silhouette ronde en font un bon arbre d'ombrage en bordure de terrasse.

MAGNOLIA À GRANDES FLEURS
(Magnolia grandiflora)

Cet arbre est connu pour ses grandes fleurs blanches, parfumées en été et pour son épais feuillage vert foncé, luisant. Il présente une grande diversité variétale de port, de taille. À signaler, la variété 'Little Gem' ne dépasse pas 3 m de hauteur, idéale pour les petits jardins. Sa croissance est assez rapide.

jusqu'à 20 m / 8 m.

Son port est pyramidal ou arrondi. Il offre une ombre dense. À planter en isolé au jardin.

NÉFLIER DU JAPON
(Eriobotrya japonica)

Ce petit arbre fruitier présente de grandes feuilles épaisses. Sa floraison automnale et parfumée est suivie de fruits ronds, orangés, juteux. Il résiste bien à la sécheresse et aux gelées une fois bien établi. Sa croissance est lente.

6 m / 4 m.

Le néflier du Japon offre une ombre dense et peut être conduit en cépée.

PIN PARASOL
(Pinus pinea)

Emblématique conifère du Sud, cet arbre majestueux est souvent utilisé pour ombrer des places en ville. Jeune, son port est arrondi mais adulte, il élève haut sa ramure plate. Ses aiguilles sont longues et souples et son tronc orangé. Au nord de la Loire, il est nécessaire de le protéger des vents froids. Il redoute les fortes gelées dans un sol humide.

20 m / 10 m.

Port très étalé. Il peut être planté non loin de la maison (mais à bonne distance, voir chapitre 3) pour « climatiser » l'habitation ou en isolé dans le jardin.

LES MEILLEURS ARBRES POUR BOSQUET

ARBRE DE FER *(Parrotia persica)*

Cet arbre de taille moyenne à feuillage caduc se pare de couleurs flamboyantes à l'automne. Sa floraison rouge discrète est non moins remarquable, car elle intervient avant l'apparition de feuilles, au début du printemps.

8 m / 10 m.

Port étalé ; le parrotia s'associe facilement à d'autres essences (arbre à perruques, érable de Montpellier...).

AULNE GLUTINEUX *(Alnus glutinosa)*

Cet arbre de taille moyenne aux feuilles caduques rondes vert tendre puis vert foncé affectionne les zones humides et les bords de cours d'eau. En hiver, les chatons mâles longs et fins, jaunâtres à l'éclosion illuminent l'arbre au côté des curieux petits fruits (baptisés strobiles) de l'année précédente. Sa croissance est lente.

16 m / 5 m.

Son port est pyramidal ; il s'associe bien avec le cornouiller sanguin, l'érable champêtre et l'aubépine.

BOULEAU *(Betula sp.)*

Cet arbre est apprécié pour sa silhouette et la finesse de son feuillage caduc, mais aussi pour son écorce blanche, en particulier chez *Betula utilis jacquemontii*, blanche se desquamant chez le bouleau à papier (*Betula papyrifera*) et de couleur multicolore chez *Betula nigra* 'Heritage'. Le bouleau pleureur (*Betula pendula* 'Youngii') est à la fois compact, peu volumineux et gracieux, tout en finesse, idéal pour former un parasol naturel. La croissance des bouleaux est rapide.

5-20 m / 4-6 m.

Planter plusieurs sujets pour former un bosquet ou en isolé (bouleau pleureur).

ÉRABLE DE MANDCHOURIE *(Acer ginnala)*

Ce petit arbre à feuilles trilobées caduques se pare de somptueuses couleurs rouge-orangé à l'automne. Au printemps, sa floraison blanche est parfumée. Sa croissance est rapide. Il convient aux petits jardins grâce à son port compact.

6-10 m / 4 m.

Il peut être conduit en arbuste. Cet érable s'associe à d'autres arbres de son genre tels que l'érable de Buerger (*Acer buergerianum*) ou encore l'érable champêtre (*Acer campestre*). Pour bosquet et haie.

MERISIER *(Prunus avium)*

Ce petit arbre à la silhouette régulière est communément trouvé dans la nature. Sa floraison blanche est abondante au printemps. Ses fruits, rouge foncé, sont appréciés des oiseaux. Ils sont comestibles mais amers. Son feuillage caduc prend de belles teintes jaune orangé à l'automne. Le merisier croît rapidement.

12 m / 8 m.

S'associe facilement en haie champêtre et en bosquet.

ROBINIER FAUX-ACACIA *(Robinia pseudoacacia)*

Cet arbre est apprécié pour sa floraison en longues grappes de fleurs blanches, parfumées et très mellifères et pour son port aéré et son feuillage caduc, léger et vert tendre. Il procure une ombre peu dense. La variété 'Umbraculifera' a un port en boule, intéressant pour faire parasol dans un jardin. Le robinier a tendance à drageonner. Son extension est donc à surveiller.

15 m / 8 m.

Le robinier peut être associé en bosquet à un sophora, au cytise ou encore à un noisetier pourpre.

LES MEILLEURS ARBUSTES POUR CÉPÉE ET BOSQUET

AUBÉPINE
(Crataegus monogyna)

Ce grand arbuste, commun dans les haies et le long des chemins, présente de petites feuilles caduques caractéristiques (profondément lobées) et des rameaux épineux. Au printemps, l'aubépine se couvre d'une multitude de fleurs blanches, parfumées, qui donneront de petits fruits ronds et rouges, comestibles. Sa croissance est assez lente.

8 m / 6 m.

L'aubépine s'associe facilement en haie champêtre et en bosquet avec noisetier, merisier, cornouiller sanguin, viorne... Elle peut aussi être plantée en isolé pour profiter de son ombrage.

BOURDAINE
(Rhamnus frangula)

Ce petit arbuste buissonnant à feuilles caduques, ovales, lustrées devenant rouges à l'automne, après une floraison discrète, mellifère, laisse apparaître de petits fruits noirs à maturité en octobre. Sa croissance est lente.

5 m /5 m.

En haie champêtre et bosquet, en association avec noisetier, merisier, prunellier, érable champêtre...

CORNOUILLER SANGUIN
(Cornus sanguinea)

C'est un arbuste au port buissonnant intéressant aux quatre saisons. Son nom est lié à la couleur rouge vif des jeunes rameaux très visibles en hiver lorsqu'il est dépourvu de feuilles. Son feuillage caduc, vert en saison, se teinte de couleur rouge cuivré à l'automne. D'avril à juin, apparaissent de minuscules fleurs blanches, très mellifères, regroupées en bouquets plats (appelés cymes). Elles sont suivies de fruits (des drupes) noires non comestibles, mais appréciés des oiseaux.

3 m / 3 m.

Le cornouiller est idéal en bordure de bosquet et en association avec des arbustes plus hauts et des arbres.

FAUSSE SPIRÉE
(Sorbaria aitchisonii)

Cet arbuste au port irrégulier et souple, aux longues feuilles vert pâle et dentelées, présente des jeunes pousses et des rameaux rougeâtres. Ses fleurs blanc crème apparaissent en juin, juillet. 'Sem' est un cultivar plus compact que l'espèce type.

2 m / 2 m.

En lisière de bosquet ; la fausse spirée peut être cultivée en pot.

NOISETIER
(Corylus avellana)

Ce grand arbuste fruitier est très décoratif. Ses feuilles caduques sont grandes, arrondies en forme de cœur, virant au jaune à l'automne. Ses longs chatons mâles ornent les rameaux nus à la fin de l'hiver. Les fleurs femelles sont très discrètes. La fructification arrive à maturité en septembre.

5 m / 5 m.

En bosquet et haie champêtre en compagnie de sureaux, aubépines, érables champêtres, merisiers...

SUREAU
(Sambucus sp.)

Cet arbuste communément trouvé dans les chemins (*Sambucus nigra*) est apprécié pour son feuillage découpé mais aussi et surtout pour ses grandes ombelles de fleurs blanches ou rosés, parfumées et mellifères au printemps, suivies de fruits noirs comestibles cuits. Deux espèces sont riches en cultivars diversement colorés (pourpre, panaché) et au feuillage plus ou moins finement découpé : *S. nigra* et *S. racemosa*. Sa croissance est rapide.

3-6 m / 2-4 m.

S'incorpore élégamment dans une haie champêtre ou dans un massif-bosquet.

VIORNE
(Viburnum sp.)

Les viornes comptent de nombreuses espèces. On en retiendra deux au port buissonnant et à l'allure champêtre : la viorne lantane (*V. lantana*) et la viorne obier (*V. opulus*). Toutes deux présentent un feuillage caduc vert tendre prenant de belles teintes à l'automne, une floraison abondante en corymbes de fleurs blanches mellifères au printemps et une fructification rouge. Leur croissance est assez rapide.

3 m / 3 m.

La viorne s'insère dans une haie champêtre, dans un massif ou en lisière de bosquet, en compagnie de cornouiller, d'amélanchier, de merisier, de noisetier...

LES MEILLEURES PLANTES POUR TONNELLES

BIGNONE DU CAP
(Tecomaria capensis)

C'est un arbuste, vigoureux, très florifère (fleurs orange vif en fin d'été) et au feuillage vert clair semi-persistant (il peut rester en hiver si le climat lui convient). Cette bignone est adaptée aux climats doux. Sa croissance est rapide.

6 m / 2,5 m.

La bignone peut couvrir une tonnelle mais elle a besoin d'être guidée et palissée. Peut être cultivée en pot.

GLYCINE DE CHINE
(Wisteria sinensis)

Cette plante grimpante sarmenteuse est particulièrement volubile. Elle est également très florifère. De longues grappes de fleurs violettes, parfumées, apparaissent en avril en même temps que les feuilles. Ces dernières sont vert clair et très découpées (pennées), très graphiques. Sa croissance est rapide.

8 m / 4 m.

La glycine est idéale pour couvrir une pergola.

KIWI ARCTIQUE D'ORNEMENT
Actinidia kolomikta)

Cette plante grimpante diffère de l'espèce fruitière par un feuillage caduc panaché de crème et de rose et un développement moins important. Sa croissance est rapide.

5 m / 4 m.

Ce kiwi est très efficace pour embellir un grillage, une treille ou ajouter une touche d'originalité sur une pergola.

MORELLE FAUX-JASMIN
(Solanum jasminoides)

Cette belle plante grimpante à feuilles persistantes se plaît surtout en climat doux. Sa floraison bleue ou blanche en fonction des variétés est très décorative. Sa croissance est très rapide.

5 m /2 m.

Pour couvrir une pergola, une tonnelle et fournir de l'ombre toute l'année. Ses fruits sont toxiques.

ROSIER LIANE *(Rosa sp.)*

Cette catégorie de rosiers grimpants très vigoureux est intéressante pour sa croissance rapide et sa facilité de culture. Quelques variétés intéressantes : 'New Dawn', roses doubles, chiffonnées de couleur rose nacrée, fleurit généreusement au début de l'été puis à nouveau jusqu'en fin d'automne. 'Veilchenblau' aux innombrables roses violacées mais non remontant ; *R. filipes* 'Kifsgate' aux multitudes fleurs blanches simples avec les étamines jaunes, suivies d'une fructification très décorative.

jusqu'à 15 m / 4 m.

Le rosier liane est très intéressant pour couvrir une tonnelle, une pergola.

VIGNE *(Vitis vinifera)*

Cette plante grimpante fruitière aux grandes feuilles caduques découpées et longues grappes de fruits juteux et sucrés. Quelques variétés intéressantes : 'Perdin' (blanc), 'Cardinal' (rouge-rosé), 'Muscat d'Alexandrie' (blanc à réserver aux régions sud). Optez pour des variétés de raisin de table. Sachez que les variétés de raisins blancs ou rosés tacheront moins le sol et le mobilier de jardin que les variétés à fruits noirs.

5 m / 2 m.

La vigne est idéale pour une treille gourmande.

PLANTES DES STRATES ARBRES ET ARBUSTES POUR JARDIN-FORÊT

AMÉLANCHIER DU CANADA *(Amelanchier canadensis)*

Ce petit arbre à feuilles caduques est charmant à toutes saisons, au printemps par sa floraison blanche, en été par ses petits fruits pourpres, comestibles et en automne par ses jolies couleurs de feuillage.

6 m / 4 m.

L'amélanchier, dans un jardin-forêt, constituera la 2e strate (celle des petits arbres fruitiers). Il peut aussi être incorporé dans un bosquet ou dans une haie champêtre.

ARGOUSIER *(Hippophae rhamnoides)*

C'est un arbrisseau dioïque, épineux à port érigé et buissonnant au feuillage effilé vert argenté au revers. En avril, avant la sortie des feuilles, l'argousier femelle présente de nombreuses fleurs jaunes. Elles sont suivies de baies rouge orangé.

4 m / 3 m.

L'argousier occupe volontiers la strate des buissons bas (3e strate) dans un jardin-forêt. Il s'insère également dans une haie champêtre.

ARONIE À FEUILLES D'ARBOUSIER *(Aronia arbutifolia)*

Cet arbuste touffu et étalé à feuilles caduques ovales et vert sombre prend de belles couleurs rouge orangé à pourpre à l'automne. Les fleurs blanches à rosées réunies en corymbes apparaissent en mai-juin. Elles sont suivies de baies comestibles noires ou rouges. Sa croissance est rapide.

3 m / 2 m.

L'aronie occupe la strate des buissons bas (3e strate) du jardin-forêt. Il s'insère également dans une haie champêtre ou dans un bosquet.

COGNASSIER *(Cydonia oblonga)*

C'est un petit arbre ou arbuste fruitier à feuillage caduc vert moyen virant au jaune à l'automne. Les fleurs blanches ou rosées, parfumées, apparaissent en avril-mai. Les fruits volumineux et odorants mûrissent à compter de mi-octobre. Leur teinte est alors jaune.

6 m / 3 m.

Le cognassier s'insère dans la 2e strate du jardin-forêt ou en haie champêtre.

FIGUIER NAIN
(Ficus carica 'Figality')

C'est une variété naine de figuier qui peut prendre place dans tous les types de jardins. Il a un port arbustif et touffu. Ses feuilles sont grandes et découpées et ses fruits de gros calibre ont une chair rouge et juteuse.

1,5 m / 1,5 m.

Il s'insère dans la strate des buissons bas (3e strate) du jardin-forêt. Il peut être cultivé en pot.

PLAQUEMINIER DE VIRGINIE
(Diospyros virginiana)

Cet arbre au port arrondi, à feuillage caduc, est apprécié dans les jardins pour ses belles couleurs automnales et ses fruits qui restent attachés en hiver sur l'arbre. Le fruit (kaki) est sucré, orange et charnu. Sa croissance est lente.

8 m / 6 m.

Il peut s'insérer dans la canopée du jardin-forêt. Planté en isolé, il procurera un effet parasol intéressant.

POIRIER
(Pyrus communis)

Cet arbre fruitier à feuilles caduques ovales peut vivre très longtemps (200 ans). Ses fleurs blanches en mars-avril donnent des fruits dont la saveur et la maturité varient selon les variétés. Sa croissance est lente.

jusqu'à 15 m / 4 m.

Laissé en forme libre, le poirier peut trouver sa place dans la canopée ou la strate des petits arbres fruitiers du jardin-forêt. En isolé et en forme libre dans un petit jardin, il offrira un ombrage intéressant.

POMMIER
(Malus domestica)

Cet arbre fruitier de taille moyenne à feuilles caduques, fleurit abondamment en mars-avril. Les pommes mûrissent à différentes périodes à partir du milieu de l'été en fonction des variétés choisies. La diversité variétale est telle que vous trouverez toujours une variété adaptée à votre goût et à votre jardin.

jusqu'à 10 m / 6 m.

Le pommier occupe la strate des petits arbres fruitiers du jardin-forêt. En isolé et en forme libre dans un petit jardin, il peut offrir un ombrage intéressant.

APPORTER DE LA FRAÎCHEUR

L'effet îlot de chaleur

Pour générer de la fraîcheur, connaître les sources de chaleur est important. Celles-ci sont multiples, y compris à l'échelle de votre jardin.

DES AVANTAGES ET DES INCONVÉNIENTS

Dans un jardin, sur une terrasse ou un balcon, certaines sources de chaleur sont recherchées : par exemple, un mur exposé au sud va, par conduction thermique, emmagasiner de la chaleur le jour et la restituer la nuit, il sera parfait pour certains végétaux frileux. Dans une serre ou une véranda, le rayonnement du soleil sert à accroître la température de l'air, ce qui est bien utile pour hâter des cultures ou cultiver les plus exotiques sans crainte des morsures de l'hiver.

À l'inverse, des sources de chaleur peuvent créer des nuisances en été. Une partie enclavée ou en creux ne facilite pas la circulation de l'air et devient étouffante aux heures les plus chaudes de la journée. En ville, la hauteur et la densité du bâti bloquent le passage du vent et réfléchissent les rayons du soleil, créant un « effet canyon ».

Les matériaux de construction de l'habitation (la pierre, la brique, le béton) accumulent la chaleur de l'air et les rayons du soleil dans la journée pour les relâcher la nuit, comme le font les radiateurs à accumulation.

Au sol, c'est pire. Un revêtement minéral de couleur sombre absorbe la chaleur au point de le rendre brûlant.

Ce réchauffement indirect de l'air peut être limité en utilisant l'eau sous toutes ses formes, en créant des univers végétalisés et en faisant évoluer ses pratiques de jardinage.

Qu'est-ce qu'une source de chaleur ?

Une source de chaleur est tout objet ou système, naturel ou artificiel, capable de produire de la chaleur. Les sources de chaleur fonctionnent par divers mécanismes de transfert énergétique. La conduction est un transfert thermique à travers un matériau solide. La convection implique un fluide en mouvement. Le rayonnement est un transfert thermique par ondes électromagnétiques.

Les différents modes de transfert de chaleur

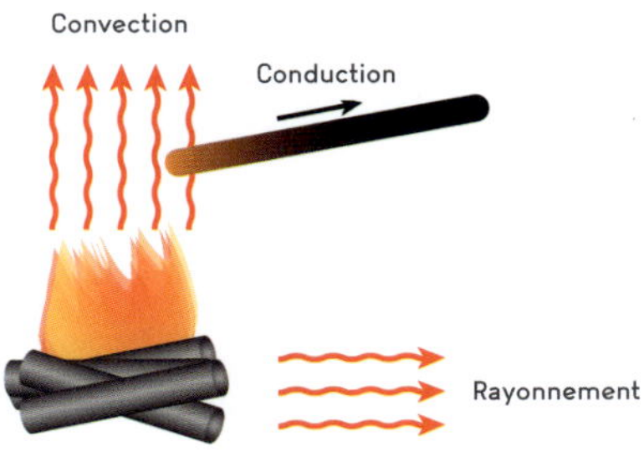

L'ÎLOT DE CHALEUR URBAIN

L'îlot de chaleur urbain (ICU) est un phénomène physique, à l'échelle locale, qui se manifeste par des températures plus élevées dans les espaces urbains centraux que dans les secteurs alentour. La formation de ces îlots est en partie liée à la structure et à la forme de la ville. La minéralisation des surfaces, l'orientation des rues et des bâtiments par rapport au soleil ou aux vents dominants, la présence ou non d'espaces verts ou d'eaux de surface et bien sûr les conditions météorologiques sont des facteurs impactant le microclimat local. À ceux-ci, il convient d'ajouter l'effet des activités humaines (industrie, climatisation, circulation des véhicules motorisés...), facteurs d'aggravation des ICU.

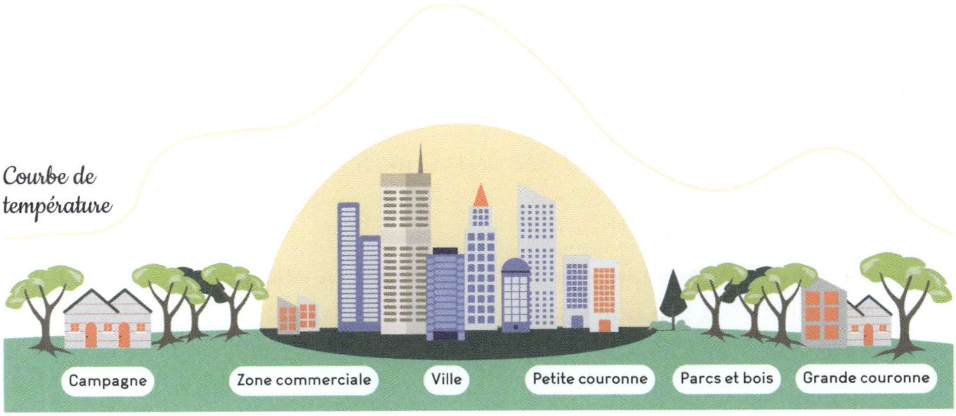

Pourquoi l'eau apporte de la fraîcheur ?

L'eau est un curieux élément qui peut prendre différentes formes selon la température environnante. Sa très grande capacité thermique lui permet d'absorber quantité de chaleur sans beaucoup chauffer et de transférer la chaleur nettement plus rapidement que l'air. Cela explique pourquoi on se refroidit plus vite dans un lac frais que dans l'air frais.

UNE CAPACITÉ THERMIQUE ÉLEVÉE

Lorsque l'eau s'évapore, elle absorbe encore plus de chaleur. La capacité thermique élevée et le pouvoir de refroidissement de l'évaporation agissent sur les masses d'eau comme elle agit sur votre corps. Celles-ci se réchauffent lentement, même sous un soleil brûlant, et sont constamment refroidies par évaporation. L'eau reste fraîche. Pour s'en convaincre, il suffit de plonger la main dans un lac ou dans une rivière en plein été. La différence de température entre air et eau sera toujours en faveur de la seconde, plus froide.

L'eau peut emmagasiner de grandes quantités d'énergie, et peut ainsi fortement influer sur les écarts de température terrestre. C'est la raison pour laquelle les climats dits continentaux présentent des écarts de température bien plus importants que les climats océaniques, lesquels sont adoucis par l'influence des océans.

ÉVITER LA SURCHAUFFE

Le corps humain demande une température extérieure autour de 22 °C et une humidité de l'air de 65 % environ pour pouvoir décharger l'excès de chaleur produit par son métabolisme. Température de l'air, humidité de l'air, vitesse de l'air, exposition aux rayons du soleil, réflexion de la lumière, réflexion de la chaleur de l'environnement proche sont autant de facteurs influençant le climat extérieur perçu. Leur combinaison donne la perception de chaleur d'un lieu. Lorsque l'on est en surchauffe, il est impératif de trouver le moyen de diminuer un ou plusieurs de ces facteurs en se mettant à l'ombre, en faisant bouger l'air autour de soi ou en s'asseyant au bord de l'eau en mouvement (elle génère de l'évaporation, laquelle fait baisser la température ambiante).

L'eau dans tous ses états

Un changement d'état est le passage d'un état physique à un autre en fonction des conditions de température et de pression atmosphérique. Le soleil est le moteur du cycle de l'eau et donc des changements d'état de cet élément, car il fournit la chaleur nécessaire à l'évaporation (vaporisation) de l'eau liquide.

Passage de l'eau d'un état liquide à un état gazeux

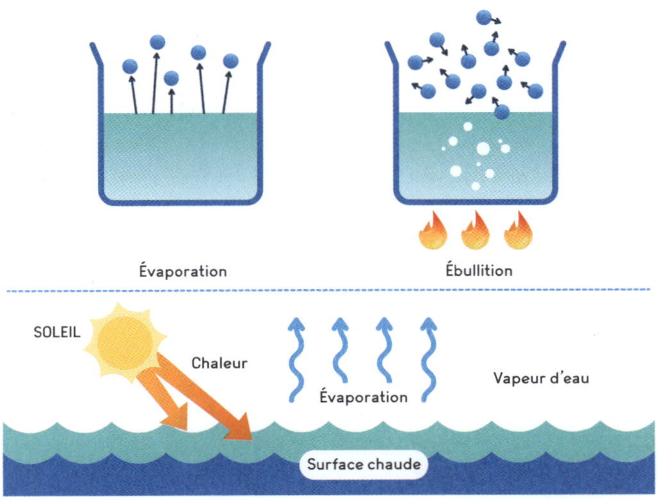

DE LA FRAÎCHEUR AVEC DE L'EAU

Brumiser mais pas trop...

La technique du rafraîchissement évaporatif (ou brumisation) était déjà utilisée dans l'Antiquité dans les pays méditerranéens et en Afrique. Des tissus humidifiés, placés sur les ouvertures de l'habitation soumises aux vents, libéraient l'humidité par évaporation, contribuant à rafraîchir l'air à l'intérieur.

EN QUOI CELA CONSISTE ?

Aujourd'hui, la brumisation consiste à projeter un liquide en fines voire très fines gouttelettes, créant une brume. La finesse des gouttelettes induit l'évaporation instantanée dans l'air sans mouiller.

Cette méthode permet de réduire en quelques minutes la température de 4 à 5 °C en moyenne et de façon homogène. Il existe plusieurs techniques utilisant soit des rampes de buses soit des systèmes installés autour des ventilateurs. Elles utilisent de l'eau sous pression basse ou haute, des mélanges d'eau et d'air ou encore des ultrasons.

Pour quelle consommation d'eau ?

La consommation d'un brumisateur de terrasse est relativement faible, entre 1,5 et 5 litres d'eau par heure. Cette consommation peut être moindre encore si le brumisateur est équipé d'un temporisateur qui programme les périodes de brumisation et d'arrêt. Les modèles à haute pression (projetant des microgouttelettes) consomment généralement moins d'eau que les modèles à basse pression.

QUELQUES PRÉCAUTIONS

Lorsque le brumisateur ne fonctionne pas, l'eau stagne dans le système et peut se charger en bactéries. Les ventilateurs brumisateurs équipés de réservoirs fonctionnent comme des asperseurs. Leur réservoir doit être vidé et nettoyé régulièrement. Dans le cas d'un système de buses, il convient de limiter la longueur de la canalisation de raccordement pour éviter les zones de stagnation d'eau au long de son parcours.

Par ailleurs, l'eau du robinet peut être chargée en minéraux et en calcaire. Pour éviter de boucher le circuit hydraulique et les buses, il sera nécessaire d'installer un système de filtration, voire un adoucisseur si l'eau est calcaire. Le plus souvent, pour les particuliers, les systèmes proposés utilisent la basse pression et sont alimentés par un tuyau d'arrosage. L'eau peut y stagner durant des jours, entre deux utilisations. Lors de la remise en fonctionnement, un conseil, attendre plusieurs minutes avant de se placer sous le dispositif d'aspersion. Certaines marques de brumisateurs, souvent destinés à un usage professionnel et collectif, prévoient ces équipements de filtration.

DE LA FRAÎCHEUR AVEC DE L'EAU

Les jeux d'eau rafraîchissent

Une mare naturelle ou une pièce d'eau plus structurée ou encore une fontaine apporte de la fraîcheur en été et accueille une faune sauvage très diversifiée sans avoir besoin de l'introduire. Si votre jardin n'offre pas de point d'eau naturel (ruisseau, rivière, mare ou étang), il est important d'en prévoir un, même s'il est de taille modeste. Une terrasse ou une cour en ville peut également disposer d'un mini-jardin d'eau.

CRÉER UNE FONTAINE

Une fontaine avec un microbassin à sa base, en circuit fermé, trouve sa place à proximité de la terrasse, près de l'habitation. L'eau en mouvement produira de la fraîcheur autour d'elle. En Provence verte, le moindre village dispose de sa fontaine, souvent couverte de végétation, mousses, fougères, cypérus... Sa simple vue procure déjà une sensation de fraîcheur confirmée à son approche par une réelle diminution de température.

UNE DIVERSITÉ DE MODÈLES

La fontaine peut être murale ou sur socle ou intégrée au sol. La diversité des modèles proposés peut satisfaire tous les styles et les envies. De la lame d'eau au jet en passant par un filet d'eau, le mouvement créé est source de fraîcheur. Ces systèmes sont généralement livrés en kit. Sur un balcon ou une terrasse surélevée, vérifiez la compatibilité entre le poids de la fontaine (en eau) et la portance de votre espace.

BIEN INSTALLER

Choisissez de préférence un endroit situé à la mi-ombre pour limiter les effets de l'évaporation, et à distance de grands arbres ou de la treille couverte de plantes grimpantes. La chute de leurs feuilles peut boucher le bassin. Prévoyez l'alimentation électrique – la source d'énergie peut provenir de petits panneaux solaires – pour le fonctionnement de la pompe et éventuellement l'ajout d'un éclairage. Il conviendra de réalimenter la fontaine à la suite d'épisodes de chaleur qui accentuent l'évaporation de l'eau.

UN MICROJARDIN D'EAU

Vérifiez la bonne étanchéité dans le cas de fontaines à même le sol afin de limiter la perte d'eau. Il est recommandé de tapisser le fond du bassin à l'aide d'une bâche, type EPDM, laquelle sera masquée par une couche de gravillons roulés. Il est également conseillé d'y ajouter quelques plantes adaptées au milieu humide et cultivées en pot ou choisies pour leur mode de vie flottant (salade d'eau, jacinthe d'eau, lentilles d'eau...).

DE LA FRAÎCHEUR AVEC DE L'EAU

Créer une mare

Au fond du jardin, une mare deviendra un lieu secret, propice à la méditation ! Si le jardin est en pente, installez-la dans sa partie basse. Choisissez un emplacement permettant d'avoir environ 6 heures d'ensoleillement journalier. Méfiez-vous du plein soleil qui favorise le réchauffement de l'eau et peut conduire à la prolifération des algues vertes. Limitez le nombre de grands arbres à feuilles caduques à proximité pour restreindre le ramassage des feuilles tombées dans l'eau afin de freiner leur décomposition et l'envasement le bassin.

LA PROFONDEUR DÉTERMINE LA VÉGÉTATION

On parle de jardin d'eau, car une mare crée un véritable univers végétal qui, lui aussi, apportera la fraîcheur. Pour cela, prévoyez des niveaux de profondeur différents de façon à accueillir une diversité de plantes depuis les berges jusque sous le niveau de l'eau, de quelques centimètres jusqu'à 60 cm voire 1,50 m pour planter les plus grands nénuphars. Sachez qu'une profondeur importante gardera l'eau plus fraîche en été.

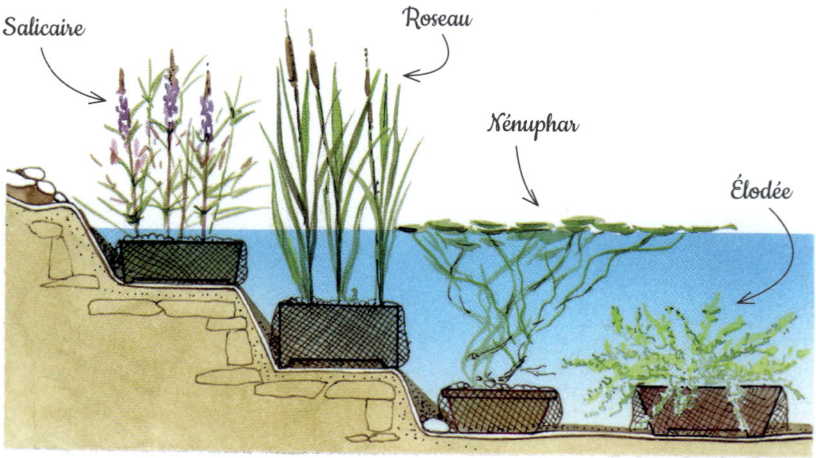

UNE MARE POUR LE BIEN DE TOUS

Les zones humides continuent de disparaître en France. Or elles sont indispensables aux équilibres de la planète, de l'apport d'eau douce à la maîtrise des crues en passant par la biodiversité, la recharge des nappes souterraines et l'atténuation des changements climatiques. Une mare dans un jardin, aussi modeste soit-elle, contribue à restaurer ces équilibres. Elle est également une source d'animation pour petits et grands tant elle grouille de vie. Contrairement aux idées reçues, elle n'attire pas les moustiques car de nombreux insectes, les poissons et grenouilles en raffolent !

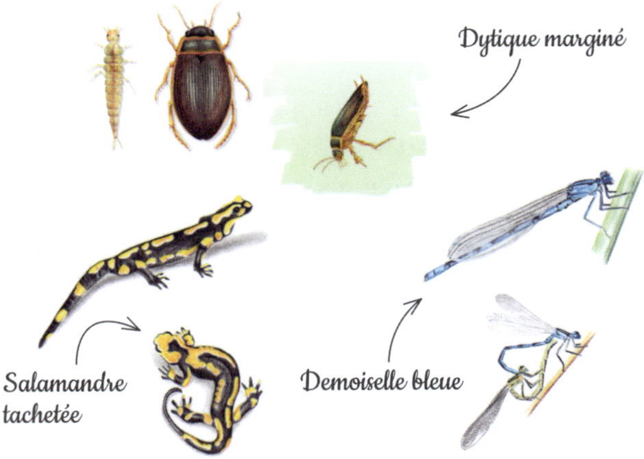

Une végétation étagée

Les plantes aquatiques sont classées en quatre types principaux :

- Les plantes flottantes, aux racines libres dans l'eau : grenouillette, jacinthe d'eau, lentille d'eau…
- Les plantes immergées, vivant complètement sous l'eau : élodée, myriophylle…
- Les plantes dont la souche est en terre, soit dans le fond du bassin, soit en pot, sous des profondeurs d'eau propres à l'espèce, mais dont la végétation pousse hors de l'eau : nénuphar, *Pontederia cordata*, sagittaire, plantain d'eau…
- Les plantes de berges demandent une terre humide : populage des marais, prêle, salicaire, gunnéra…

Une autre vision du jardin

Une solution efficace pour faire de votre jardin un îlot de fraîcheur est de planter un maximum de plantes ! Non seulement les plus grands végétaux créent des zones d'ombre, mais ils rafraîchissent l'air grâce au phénomène de l'évapotranspiration. Si les arbres sont très actifs dans ce processus, ils ne sont pas les seuls à participer à ce rafraîchissement. Toutes les plantes sont concernées, d'où la recommandation de couvrir le sol de végétation et de limiter les surfaces minérales pour créer des îlots de fraîcheur.

COMME DANS LA NATURE

Si l'objectif est bel et bien de multiplier les plantations, il ne s'agit pas de les faire n'importe comment. Créer des îlots de fraîcheur vaut aussi pour le bien-être végétal ! C'est parce que les plantes pousseront bien qu'elles transpireront bien !

À la collection de plantes à laquelle nous nous sommes habitués pendant des décennies, il est préférable, à l'aune du changement climatique, de repenser la manière d'organiser les massifs en autant de milieux équilibrés comme le fait si bien la nature.

Même dans les régions les plus désertiques, les rares végétaux présents et résistants aux conditions extrêmes s'entraident. Au début de leur croissance, les cactus ont besoin de la protection de graminées par exemple.

Mieux comprendre comment vivent les plantes dans leur milieu naturel permet de leur imaginer le meilleur écrin dans votre jardin. Les arbres, les arbustes et les plantes vivaces que vous dénichez en jardineries, chez un pépiniériste ou à l'occasion d'une fête des plantes ont besoin d'être associées dès lors que leurs besoins sont similaires ou qu'elles peuvent s'entraider.

Ainsi, selon le climat local, le relief de votre terrain et la nature de votre sol, créez des milieux comme une prairie, une garrigue ou un maquis, ou encore une lande sur sol acide. Jouez sur les strates de culture depuis l'arbre jusqu'aux plantes vivaces ou annuelles en passant par les étages intermédiaires.

LES PLANTES TRANSPIRENT ÉNORMÉMENT

L'évapotranspiration désigne le processus par lequel l'eau liquide est renvoyée sous forme gazeuse dans l'atmosphère. Concrètement, en transpirant, les plantes rejettent par leurs feuilles l'eau qu'elles ont absorbée par leurs racines.

Créer une prairie en milieu sec

Il est important de ne pas laisser le sol nu pour la simple raison qu'en période de chaleur, il va se dessécher davantage et faire souffrir la végétation alentour. Des plantes en souffrance joueront moins leur rôle de régulateur de température atmosphérique. Emplissez la surface de plantes qui vont couvrir le sol comme dans les steppes.

S'INSPIRER DE LA NATURE

La steppe se développe sous climat tempéré et continental à tendance sèche, avec des hivers rudes et des étés chauds. Dans sa version très sèche, les précipitations y sont rares, les sols semi-arides et les vents forts sans humidité. Les vents soufflent presque constamment, ce qui intensifie l'évapotranspiration des plantes. La steppe développe pourtant une diversité végétale.

VARIER LES BIOTOPES

En créant des bosses et des creux sur votre terrain, et en vous aidant des pierres présentes sur le site, vous multipliez les habitats et pourrez donc imaginer deux milieux en un jardin : un milieu sec et un milieu plus frais. Sur les buttes ou talus créés, composez une ambiance de prairie sèche avec des échinacées et des graminées tel que le cheveu d'ange, l'achillée, des sauges, le *Knautia macedonica*, le phlomis, ou encore la molène. Pour la partie plus fraîche, optez pour des hémérocalles, des eupatoires pourpres, des persicaires et d'autres graminées tels que *Calamagrostis*, *Deschampsia*, *Panicum*.

MAINTENIR UN MILIEU PRAIRIAL

Dans la nature, les steppes sèches se maintiennent soit en raison de la rudesse du climat, soit par le passage du feu, soit par le pâturage. Dans votre jardin, point de feu, pourquoi pas des moutons. Dans tous les cas, un fauchage annuel sera à programmer pour limiter le développement d'arbres et d'arbustes. Fauchez le plus tardivement possible pour ne pas perturber les équilibres biologiques – en fin d'été voire à l'automne. Conservez sur place le produit de cette taille qui constitue un mulch qui nourrira le sol.

Créer des motifs

Les graminées occupent la majorité de la surface. Ce sont elles qui protègent toutes les autres. De-ci de-là se dressent d'autres plantes qui attendent les bonnes conditions pour émerger. Pour reproduire cet effet dans votre jardin, installez des bulbes de printemps ou encore des vivaces à floraison tardive, groupées en ensemble de trois à cinq pieds. La densité de plantation doit être importante de façon à limiter l'évaporation de l'eau en période de fortes chaleurs.

INSPIRATIONS JARDINIÈRES

Créer des effets de bordure

La lisière est, par définition, l'interface entre deux milieux ou écosystèmes. Cette bordure est souvent riche en biodiversité, car c'est la rencontre entre deux mondes (faune et flore). Cet effet est bien connu dans le cas de jonctions entre la forêt et la clairière, entre un cours d'eau et le champ (on l'appelle ripisylve dans ce cas). Au jardin, les lisières apportent un plus grand équilibre naturel, participant indirectement à sa résilience et donc à sa contribution au rafraîchissement. Chaque partie du jardin peut être concernée.

LA RIPISYLVE ET LA LISIÈRE

Au moment de dessiner une mare, plutôt que de lui donner une forme arrondie, étirez-la. Créez des méandres aux creux desquels, sur les berges, vous aménagerez des zones ombragées et d'autres plus lumineuses. Vous multipliez ainsi les écosystèmes et accueillerez une diversité d'animaux.

Entre les allées et les massifs ou les bosquets, prévoyez une bande intermédiaire garnie d'une végétation basse associant plantes vivaces, arbrisseaux et annuelles. Acceptez quelques plantes ayant spontanément choisi votre jardin pour s'installer.

ENTRE GAZON ET PRAIRIE

Plutôt que de tondre l'intégralité de la surface engazonnée, optez pour une tonte régulière sur le tracé des chemins et sur les zones de repos. Fauchez une fois par an les espaces intermédiaires. Réservez une place à la zone sauvage, qui sera juste maintenue en prairie par un retrait des arbustes et ronces qui pourront coloniser le milieu à la longue.

ET AILLEURS

Promenez-vous dans votre jardin. Notez tous les endroits où vous pouvez créer de la fraîcheur, dans la rocaille, à proximité de la maison, au pied des murs... N'oubliez pas de laisser circuler l'air et passer le soleil, et jouez entre l'ombre et la lumière. C'est en multipliant ces plantations que votre jardin limitera globalement les réverbérations de la chaleur sur les éléments minéraux.

Habiller un mur

Exposé aux rayons du soleil dans la journée, ce mur laissé nu va accumuler la chaleur le jour et la redistribuer la nuit. Ce qui est un avantage en dehors des périodes de fortes chaleurs. En revanche, lors de canicules, le mur contribue à maintenir l'air chaud la nuit. En plantant une haie garnie de plantes à son pied et en créant un massif de vivaces sur son autre face, la réverbération de la chaleur sera moindre.

INSPIRATIONS JARDINIÈRES

Créer des haies

Les coups de vents interviennent dorénavant à n'importe quelle saison, pouvant apporter un air très chaud en été. Il est donc important de repérer les courants d'air au jardin pour en limiter les effets néfastes. En ville, ceux-ci peuvent empêcher de profiter de son balcon et de jardiner à cause de ses effets desséchants (voir chapitre 4).

ATTENTION AUX COURANTS D'AIR INDUITS

De nombreuses situations peuvent contribuer à renforcer la puissance des vents et créer des couloirs d'air desséchants : l'emplacement de la maison sur un terrain clos, l'espace entre la maison et la clôture, la densité et l'orientation des bâtiments dans une ville, un espace entre deux rangées d'arbres...

FILTRER LES VENTS

Abandonnez l'idée d'une haie très compacte, taillée au cordeau pour vous protéger des grands vents, car cela irait à l'encontre de l'effet recherché. En effet, celle-ci crée de fortes turbulences immédiatement à la suite de la barrière.

Un brise-vent est efficace s'il est semi-perméable, car il parvient ainsi à filtrer le vent, à en diminuer son intensité, à repousser et affaiblir les turbulences créées juste après cette barrière. Si vous optez pour une clôture non végétale, utilisez des panneaux à clairevoie ou filtrants.

Si vous préférez planter une haie, concevez-la à deux étages et privilégiez la forme libre, dite champêtre. Les essences à feuillage persistant seront autant efficaces en été qu'en hiver, ce qui est recommandé dans les régions où le vent est régulier toute l'année (côte Atlantique, couloir rhodanien...). Dans les régions très ventées, n'hésitez pas à densifier la haie en plantant sur deux rangs et en quinconce.

Enfin, la sélection végétale dépend de votre région et du terroir. Les pépiniéristes locaux seront de bon conseil.

Comment planter une haie champêtre ?

Au niveau du sol et jusqu'à 1,5 m de hauteur, plantez des arbustes sur un rang tous les mètres linéaires. Choisissez parmi des espèces faciles à tailler et incorporez de-ci, de-là des espèces dont la fructification satisfera votre gourmandise ou servira de nourriture et de logis aux oiseaux, batraciens et petits mammifères. Le second étage est constitué d'arbres de haute tige ou à port fastigié qui peuvent atteindre plusieurs mètres de hauteur. Les espèces à retenir dépendent des conditions de votre jardin (climat, relief, sol...). Comptez un arbre tous les 5 m si les arbres ont un port fastigié, tous les 8 m pour les autres. Ils sont plantés sur le rang des arbustes précédemment évoqués.

DE NOUVELLES PRATIQUES DE JARDINAGE

Bien s'occuper de son sol

Un jardin prodiguant des effets de fraîcheur est un jardin en bonne santé. Au premier rang de l'attention à porter figure le sol. Son rôle ne se limite pas à supporter les racines des plantes. C'est un milieu extrêmement riche et vivant. Il convient donc d'y prêter attention et de maintenir son équilibre. Le changement climatique le met à rude épreuve. La sécheresse craquelle sa surface et fait fuir toute vie biologique. Les pluies violentes le lessivent en emportant ses premiers centimètres, si précieux pour sa richesse et sa fertilité, et le tasse jusqu'à l'asphyxier.

ADAPTER LES CULTURES AU SOL

Bien connaître la nature du sol de son jardin permet de mieux sélectionner la végétation à adopter. Le prélèvement d'échantillons de terre en plusieurs points du terrain, analysés ensuite par un laboratoire spécialisé, vous donnera de précieux renseignements sur ses propriétés physico-chimiques.

Petit rappel sur les deux composantes d'un sol : sa texture et sa structure. La texture d'un sol se définit par ses proportions en argiles, limons et sables. Selon les proportions, le sol est dit argileux, limoneux, sableux ou bien limono-argilo-sableux, limono-argileux, limono-sableux. Un sol défini équilibré se compose de 50 à 70 % de sable et de 15 à 20 % d'argile. Il est bien drainé mais retient l'eau, et sa fertilité est élevée. Tout jardinier doit composer avec la texture de son sol en choisissant des cultures adaptées !

POINTS D'AMÉLIORATION

En revanche, la structure du sol est modifiable. Elle correspond à l'agencement en agrégats des particules du sol (sable, limon et argile). Les espaces vides, ou pores, situés entre les agrégats permettent à l'eau et à l'air de circuler. L'idéal du jardinier est une structure de sol grumeleuse constituée de 50 % de pores.

Si les sols argileux, sableux et limoneux présentent rarement une structure idéale, des apports d'amendements tels que du fumier bien décomposé et du compost favorisent l'apport d'humus et de matières organiques et contribuent à créer une terre plus meuble, aérée, riche et vivante. L'apport de sable allégera les sols trop argileux et la chaux les sols trop acides. Favoriser l'infiltration de l'eau dans le sol est un point important. Le jardin a un grand rôle à jouer sur ce point.

La question du pH

Les plantes qui poussent spontanément dans votre jardin peuvent être de bon conseil pour vous aider à reconnaître les caractéristiques de votre terre. On les appelle plantes bio-indicatrices. En effet, la présence de certaines signale à coup sûr soit une terre acide (type terre de bruyère), soit une terre basique (type terre calcaire). Une analyse chimique du pH du sol complétera le diagnostic botanique. Sur une échelle de 1 à 14, un milieu est dit neutre quand son pH est de 7. En dessous, il est acide, au-dessus, il est basique ou alcalin. Les sols calcaires sont en général basiques, alors que les sols sableux ou très riches en matières organiques sont plutôt acides. La plupart des plantes s'accommodent d'un pH autour de 6 à 7,5. Toutefois, certaines exigent une terre acide ou au contraire calcaire.

DE NOUVELLES PRATIQUES DE JARDINAGE

De l'importance des racines

Le monde souterrain grouille de vie. Deux cent vingt grammes de terre, c'est 200 milliards de bactéries ; 100 km de filaments de champignons ; 200 000 insectes, vers et autres micro-organismes.

UN RÔLE TRÈS IMPORTANT

Une grande partie de cette vie sert à approvisionner les racines des plantes. Ces dernières ne limitent pas leur rôle à l'ancrage, la prospection et l'absorption de l'eau et des nutriments minéraux. Les racines ont également un rôle fondamental dans l'évolution de la structure du sol, de sa fertilité biologique et de ses propriétés physiques et chimiques. Elles sont également des supports de communication et d'associations symbiotiques avec les micro-organismes, en particulier la formation de mycorhizes avec les champignons. C'est cela que l'on appelle la rhizosphère.

UN VIVRE ENSEMBLE AVEC BÉNÉFICE MUTUEL

Les racines des plantes sont le lieu de multiples relations avec les micro-organismes du sol : bactéries, champignons et autres invertébrés. Ce réseau de communication et d'échanges s'établit sur une dizaine de centimètres d'épaisseur de terre et est indispensable à la nutrition et à la protection de la plante. Mieux encore, la plante pilote cet environnement liant d'extraordinaires alliances qui vont jusqu'à modifier les propriétés physiques et chimiques du sol.

LE BIEN-ÊTRE DES PLANTES

De la même façon qu'il est conseillé d'associer des plantes de différentes hauteurs pour constituer des massifs ou des haies, il est judicieux de connaître leur type d'enracinement. Certaines racines vont s'enfoncer dans le sol en formant un solide pivot alors que d'autres resteront fines et proches de la surface. Connaître cela permet d'associer les espèces en fonction de la strate souterraine qu'elles occuperont de façon à optimiser les ressources du sol et augmenter la densité de plantation.

Les différents systèmes racinaires

Il est également important de porter attention à la manière de planter. Plus vous leur assurez un bon départ – donc un bon enracinement –, meilleure sera l'installation et l'épanouissement des plantes de votre jardin. D'où l'importance d'avoir un sol bien structuré et bien aéré qui permet aux racines de s'étendre, se ramifier et respirer.

DE NOUVELLES PRATIQUES DE JARDINAGE

Jardiner autrement

UNE AUTRE VISION DU GAZON

Il est recommandé de ne jamais tondre la pelouse en dessous de 7 cm de haut. Même si les espèces contenues dans un mélange gazon tolèrent d'être rasées régulièrement, vous leur donnerez plus de capacité à transpirer si elles ont plus de feuillage ! En été, il jaunit. C'est normal ! Il est d'ailleurs impératif de le laisser tranquille à cette période. Tondre une herbe qui souffre ne ferait qu'amplifier le problème. Les graminées et autres plantes du mélange de votre gazon ont besoin de leurs feuilles pour se refaire une santé après une période difficile et régénérer de nouvelles pousses.

PAILLER, PAILLER ET PAILLER

Dans les massifs, en bordure d'allées, et même au potager, le sol ne doit pas rester nu. Les paillages naturels sont nombreux. En parallèle, un autre moyen de ne pas laisser le sol nu est de semer une prairie fleurie sur une parcelle en transition, en attente d'une plantation ou d'un réaménagement. Au potager, entre deux cultures et en particulier en hiver, semer des engrais verts – plantes cultivées pour nourrir la terre (phacélie, moutarde…) – fertilise le sol mis à rude épreuve par des cultures annuelles souvent très gourmandes en éléments fertilisants (azote, phosphore et potassium). Recyclez sur place les produits de vos tailles, tonte, récoltes et autres fauches. Votre sol a besoin de ces matières organiques pour maintenir son activité biologique.

COMMENT MIEUX ARROSER ?

Même si tout jardinier entend tendre vers un jardin sans arrosage, l'eau est un élément indispensable à la vie et un arrosage est parfois nécessaire. Néanmoins, moyennant quelques précautions et interventions préalables à une période de sécheresse, il est possible de le rendre moins dépendant de vos interventions. En aérant et/ou en amendant le sol, l'eau peut ainsi se glisser dans les interstices et être stockée. Elle n'en sera que plus facilement captée par les racines grâce au réseau de champignons mycorhiziens.
À la plantation des arbres et arbustes sur un terrain réputé sec, créez une réserve d'eau en creusant une rigole circulaire à une vingtaine de centimètres du tronc. Lors de chaque arrosage, il suffira d'emplir la rigole.
Lors des épisodes de chaleur, arrosez lorsqu'une fraîcheur est palpable c'est-à-dire tard le soir ou tôt le matin.
Apportez une quantité suffisante d'eau en une seule fois, au pied des plantes.

En pot et en jardinière

L'arrosage est davantage nécessaire et doit être régulier. Toutefois, même dans ce cas, il n'est pas recommandé d'arroser trop souvent à la surface de la terre. Privilégiez l'apport d'eau par les soucoupes situées sous les pots ou par des ollas (réservoirs d'eau en terre cuite enterrés). Ces deux procédés permettent de mieux imbiber la terre à proximité des racines.

COMMENT BIEN ARROSER ?

Évitez les surdosages en eau. Non seulement parce qu'un apport trop massif d'eau à un instant donné conduit à un ruissellement qui ne profite pas aux plantes, mais aussi parce que des plantes trop souvent arrosées deviennent… paresseuses ! Elles risquent de limiter leur développement racinaire aux premiers centimètres de terre, devenant ainsi très dépendantes des arrosages réguliers. En revanche, une plante installée jeune dans le sol vivant de votre jardin et livrée à elle-même aura davantage tendance à développer son enracinement pour aller puiser les ressources là où elles se trouvent.

UN POTAGER EN TROU DE SERRURE

Cette forme de potager est inspirée du *keyhole garden*, technique de culture vivrière appliquée dans les zones arides de l'Afrique. C'est un potager autonome. Il s'agit d'un ouvrage généralement rond (d'environ 2,50 à 3,50 m de diamètre) ouvert sur un côté laissant un passage pour accéder à son centre, occupé par une tour de compostage (de 50 cm à 1 m de diamètre) alimentée par les déchets de cuisine. Le compost ainsi formé diffuse lentement ses nutriments et son humidité dans les cultures alentour.
Sa bordure est solide (en brique, pierre ou bois), de préférence non maçonnée pour offrir un abri aux insectes et favoriser les échanges gazeux.
Le matériau choisi aura un impact sur la capacité à capter et diffuser la chaleur du soleil dans la terre du *keyhole garden*. Sa terre est un substrat constitué de couches successives de matières végétales, selon le principe de la lasagne : carton, branchages, matière verte (tonte de gazon, feuilles vertes, épluchures de légumes…), matière brune (feuilles mortes, paille, papier brun, boîte d'œuf), matière verte et enfin une dernière couche de compost.
De façon à pouvoir alimenter régulièrement son unité de compostage, il est conseillé de la situer non loin de l'habitation ou dans un endroit facilement accessible en toute saison et de la protéger des vents desséchants et des rayons du soleil trop brûlants par des haies.

PLANTES DE MILIEU HUMIDE ET RIPISYLVE

ÉLODÉE
(Elodea canadensis)

Cette plante aquatique immergée se présente sous la forme de longues tiges grêles comportant de nombreuses petites feuilles vert moyen. L'élodée est idéale pour lutter contre les algues et oxygéner l'eau du bassin.

30 cm à 1 m.

Sa croissance et sa propagation sont rapides. L'élodée permet de maintenir la qualité de l'eau.

GRENOUILLETTE
(Limnobium laevigatum)

Le feuillage arrondi et charnu de cette plante vivace flottante rappelle celui des nénuphars. La grenouillette peut s'enraciner sur les berges. Sa végétation est alors plus fournie. Sa floraison en fin d'été est discrète. La plante se propage facilement. À réserver aux régions à climat doux.

jusqu'à 50 cm / 60 cm.

C'est une plante filtrante et oxygénante. Elle aide à stabiliser les berges d'un jardin d'eau.

GUNNÉRA
(Gunnera manicata)

Cette plante vivace caduque est remarquable par la taille de ses feuilles, pouvant dépasser 1,5 m d'envergure. En été, une inflorescence brune apparaît au cœur de la touffe de feuilles. C'est une plante de berge sur sol humide.

2,50 m / 2,50 m.

Par son ampleur, le gunnéra apporte de la fraîcheur et de l'ombre en bordure de bassin.

JONC JAPONAIS
(Acorus gramineus)

C'est une plante vivace semi-aquatique à rhizome et à feuillage effilé, semi-persistant, vert tendre ou panaché selon les variétés. Son port est compact et forme une touffe très graphique en bord de bassin.

40 cm / 30 cm.

Le jonc japonais se place sur les berges d'un bassin ou dans un jardin d'eau à condition que le sol reste toujours humide.

MYRIOPHYLLE DU BRÉSIL
(Myriophyllum spicatum).

C'est une plante vivace aquatique. Son feuillage se développe sous l'eau. Il est très finement découpé et disposé tout au long de la tige. Sa floraison estivale est très discrète à la surface de l'eau. Attention, le myriophylle peut se montrer envahissant.

jusqu'à 3 m.

Le myriophylle permet de maintenir la qualité de l'eau en lui apportant de l'oxygène.

NÉNUPHAR
(Nymphaea sp.)

Le nénuphar est une plante vivace aquatique caduque dont les racines sont immergées (entre 15 cm et 1,50 m) et les feuilles étalées à la surface de l'eau. En été, les fleurs émergent de la surface de l'eau de quelques centimètres. La variété est à choisir en fonction de la profondeur d'eau disponible. Exemple : le cultivar 'Joey Tomocik' aux grosses fleurs jaune vif a besoin d'une grande profondeur d'eau à l'inverse de 'Bertold' aux fleurs rose tendre pour lequel 20 cm de profondeur d'eau suffisent.

jusqu'à 1,50 m (essentiellement immergé) / entre 0,5 m^2 et 3 m^2.

Grâce à son étalement à la surface du bassin, le nénuphar contribue à maintenir la fraîcheur de l'eau.

PESSE D'EAU *(Hippuris vulgaris)*

C'est une vigoureuse plante aquatique à feuillage caduc et aux curieuses pousses dressées hors de l'eau. Elle se propage très facilement jusqu'à devenir envahissante.

30 cm / 1 m.

La pesse d'eau permet de maintenir la qualité de l'eau en lui apportant de l'oxygène.

PLANTAIN D'EAU
(Alisma plantago-aquatica)

Cette plante vivace a les pieds dans l'eau et le feuillage à l'air libre. Ses feuilles caduques vert moyen sont lancéolées. En été, de longues et fines hampes florales se dressent jusqu'à 1 m de haut. Des petites fleurs blanches s'épanouissent à l'extrémité des tiges. Le plantain d'eau se ressème facilement.

40-80 cm / 40 cm.

Le plantain d'eau est une bonne plante filtrante.

PLANTE OMBRELLE
(Darmera peltata)

Cette plante vivace rhizomateuse à feuillage caduc anime un massif sur sol humide par ses grandes feuilles rondes à bord découpé vert foncé en saison et teintées de rouge à l'automne. Ses hampes de fleurs roses apparaissent avant les feuilles en avril-mai.

1 m / 50 cm.

En bordure d'une pièce d'eau, d'un cours d'eau ou en lisière de bosquet, *Darmera peltata* apporte de la fraîcheur aux massifs sur sol frais à humide.

POPULAGE DES MARAIS
(Caltha palustris)

Cette plante vivace de berge supporte d'être submergée de quelques centimètres. Son feuillage est caduc, rond et vert brillant. Ses fleurs sont jaunes et ressemblent à de gros boutons d'or, de mars à mai et parfois en octobre.

20-40 cm / 45 cm.

Le populage des marais supporte les terrains humides ou détrempés (noue, jardin de pluie) et agrémente un bassin.

PRÊLE
(Equisetum hyemale)

C'est une plante vivace de marais et de fossé. Elle tolère d'avoir le pied dans l'eau jusqu'à 10 cm.

80-100 cm / 40 cm.

C'est surtout pour son caractère ornemental que la prêle est introduite dans les petits jardins d'eau. Elle peut aussi composer un jardin de pluie.

SAGITTAIRE
(Sagittaria latifolia)

C'est une plante vivace dont la souche est immergée, aux feuilles caduques émergées en forme de fer de lance. En été, les tiges florales apparaissent et se terminent par des fleurs blanches très nectarifères, suivies de baies.

40-60 cm / 40 cm.

La sagittaire s'adapte aux variations de niveau d'eau (noue, jardin de pluie...) et supporte les eaux usées (bassin de phytoépuration). C'est aussi une bonne plante d'agrément pour le bassin.

PLANTES POUR PRAIRIE SÈCHE

CHEVEU D'ANGE
(Stipa tenuissima)

Cette graminée vivace de taille moyenne est caractéristique par son feuillage très effilé et fin, vert tendre au printemps et virant au doré en été.

40 cm / 40 cm.

Son aspect vaporeux rafraîchit le regard déjà ! Cette graminée est très résistante à la sécheresse et convient aux terrains les plus ingrats pour composer des prairies sèches. Se cultive bien en bac et sur un toit végétalisé.

ÉCHINACÉE POURPRE
(Echinacea purpurea)

Cette plante vivace à feuillage vert clair fleurit tout l'été sous la forme de grandes marguerites diversement colorées, selon les variétés.

90 cm / 40 cm.

Très rustique et supportant la sécheresse, l'échinacée s'associe bien aux graminées pour composer une prairie sèche ou à d'autres plantes vivaces en massif.

PANIC ÉRIGÉ
(Panicum virgatum)

Cette grande graminée vivace, à la silhouette dressée, élancée, présente un feuillage généralement effilé vert-bleu aux teintes rouges en automne. La floraison intervient en fin été en longues panicules légères et souvent colorées. Les variétés sont nombreuses.

jusqu'à 1,70 m / jusqu'à 1 m.

Les panics tolèrent la sécheresse, les embruns et toutes sortes de sols, des plus secs aux plus détrempés. Ils permettent de structurer des massifs, de composer une prairie sèche et sont aussi intéressants pour aménager une noue. Tolèrent la culture en pot et en bac.

PIVOINE DES STEPPES
(Paeonia tenuifolia)

Cette pivoine herbacée au port touffu se distingue de ses cousines par un feuillage caduc très finement découpé vert franc. En avril, sa floraison rouge sang est tout aussi spectaculaire. Sa croissance est très lente.

40 cm / 40 cm.

Elle supporte la sécheresse en entrant en repos en été. La pivoine des steppes peut être incorporée dans une prairie sèche pour agrémenter le printemps.

PLANTES POUR LISIÈRE

BERGENIA
(Bergenia cordifolia)

Cette plante vivace à rhizome présente de grandes feuilles coriaces, persistantes, se teintant de pourpre à l'automne et en hiver. Ses solides hampes florales aux fleurs en clochettes roses apparaissent en février et durent tout le printemps.

40 cm / 60 cm.

La rusticité et la robustesse du bergenia permet de l'associer en massif, en bordure, en lisière de bosquet où il pourra tapisser l'espace.

DIGITALE POURPRE
(Digitalis purpurea)

Il s'agit d'une grande plante bisannuelle qui peut prolonger sa vie au jardin si elle est taillée avant la formation des graines. Ses feuilles sont allongées et semi-persistantes. Sa floraison en longs épis de fleurs tubulaires roses, parfois blanches, la caractérise.

1,50 m / 30 cm.

Elle s'associe aux fougères et à toutes autres plantes vivaces en massif et en lisière de bosquet.

ÉPIAIRE
(Stachys sp.)

C'est un genre de plantes vivaces de taille moyenne aux feuilles allongées et à floraison estivale en longs épis de fleurs violacées ou blanches. Deux espèces intéressantes : l'épiaire des bois (*Stachys sylvatica*), plante sauvage et l'oreille d'ours (*S. byzantina*) au feuillage persistant, gris très velu.

30-60 cm / 50 cm.

L'épiaire des bois s'associe à d'autres plantes vivaces en lisière ou encore au pied d'une haie champêtre. L'oreille d'ours est un couvre-sol à croissance rapide, intéressant dans les massifs.

EUPATOIRE
(Eupatorium rugosum)

Cette grande vivace est robuste. Son feuillage allongé et denté est caduc, aux coloris variant du vert au pourpre selon les cultivars. En été, elle produit des inflorescences blanches à l'extrémité de tiges.

1,2 m / 30 cm.

L'eupatoire affectionne les sols frais à humides dans les massifs, en bordure de bosquets frais ou sur les berges d'un bassin.

HERBE AUX GOUTTEUX
(Aegopodium podagraria)

C'est une plante vivace rhizomateuse, vigoureuse à feuillage caduc. En été, des ombelles de fleurs blanches émergent du feuillage. Le cultivar 'Variegata' est intéressant pour son feuillage panaché. Sa croissance est rapide.

50 cm / 1 m.

L'herbe aux goutteux forme un couvre-sol intéressant en lisière de bosquet. Elle peut se montrer envahissante. Peut être cultivée en pot.

HÉMÉROCALLE
(Hemerocallis sp.)

Cette vigoureuse plante vivace de taille moyenne et au feuillage caduc effilé est surtout connue et appréciée pour sa longue floraison aux teintes vives de mai à octobre. Sa croissance est rapide.

30-100 cm / 45 cm.

L'hémérocalle s'associe facilement aux autres plantes vivaces en bordure, dans un massif ou encore en lisière d'un bosquet. Se cultive bien en grand pot.

POLYPODE
(Polypodium vulgare)

Cette petite fougère à feuillage persistant présente un rhizome traçant lui permettant de s'étendre et de coloniser toutes sortes de support : creux d'arbres et de rochers, fissures de murets. Le polypode croît assez lentement.

25 cm / 50 cm.

Le polypode tolère les sols humides à secs et est très rustique. Il peut border une haie champêtre, un bosquet, s'associant bien au lierre, aux hostas, aux mousses, à l'helxine...

ARBRES ET ARBUSTES DE HAIES

ALISIER DES BOIS
(Sorbus torminalis)

Cet arbre présente des feuilles caduques prenant de belles teintes automnales. Ses fleurs blanches à pétales étalés apparaissent en mai. Elles sont suivies d'une fructification sous la forme de baies orange à marron. Sa croissance est assez lente.

15 m / 8 m.

L'alisier des bois est très rustique et résistant à la sécheresse. Il s'associe facilement à d'autres plantes de haies champêtres ou en bosquets.

CHÂTAIGNIER COMMUN
(Castanea sativa)

Ce grand arbre à longues feuilles brillantes et caduques peut également être conduit en cépée. Il fleurit en été, les fleurs mâles (longs chatons) sont plus visibles que les fleurs femelles, lesquelles donnent, après pollinisation, des bogues protégeant les châtaignes.

20 m / 15 m.

Le port arrondi du châtaignier, lorsqu'il n'est pas taillé, en fait un bon arbre d'ombrage. Il peut aussi être conduit en cépée et être incorporé dans les haies.

ÉRABLE CHAMPÊTRE
(Acer campestre)

Cet arbre de taille moyenne présente un port arrondi, touffu et des feuilles caduques vert foncé devenant cuivrées à l'automne. Ses fruits ailés (samares) sont rougeâtres. Il croît lentement.

8 m / 4 m.

L'érable champêtre, très résistant à la sécheresse, s'associe en bosquet. Se prêtant très bien à la taille en cépée, il est un élément intéressant pour les haies champêtres.

ÉRABLE DE MONTPELLIER
(Acer monspessulanum)

Ce petit arbre de croissance lente présente souvent plusieurs troncs et une ramure dense. Ses petites feuilles coriaces et vert foncé, caduques, se colorent à l'automne de jaune doré ou d'orange cuivré. Il fleurit en avril-mai.

6 m / 3 m.

Très rustique et résistant au vent et à la sécheresse, l'érable de Montpellier peut être autant utilisé en arbre pour ombrer une terrasse dans un petit jardin qu'entrer dans la composition d'une haie champêtre ou d'un bosquet.

FILAIRE À FEUILLES ÉTROITES
(Phillyrea angustifolia)

Il s'agit d'un arbuste au port compact, aux petites feuilles étroites vert luisant et persistantes. De mars à mai, de discrètes fleurs blanches parfumées apparaissent à l'aisselle des feuilles. Elles sont suivies de fruits bleu foncé de petite taille.

3 m / 2 m.

Le filaire est très résistant à la sécheresse, aux vents et aux embruns. Il se prête bien à la taille et peut donc constituer des haies (taillées ou libres). Il est également possible de l'associer en sous-bois de bosquets sur terrain sec.

GERMANDRÉE ARBUSTIVE
(Teucrium fruticans)

Ce petit arbuste à feuillage persistant, vert argenté, se pique de petites fleurs mauves à l'extrémité des rameaux, d'avril à septembre.

1,5 m / 1,5 m.

La germandrée arbustive est très résistante à la sécheresse et aux embruns. Elle est donc intéressante pour la composition de haies basses dans les jardins du Sud et de bord de mer. Elle se prête bien à la taille. Peut être cultivée en pot.

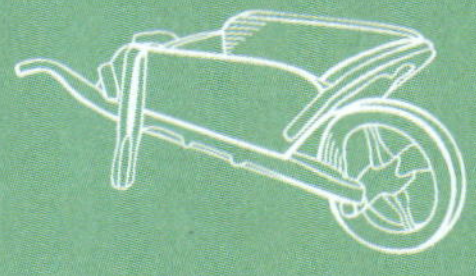

LE JARDIN BIOCLIMATIQUE

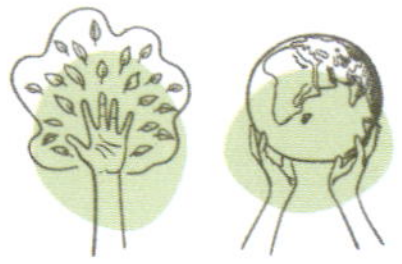

Faire le point sur son habitat et son cadre de vie

Lors de la construction ou de la rénovation de l'habitation, et avant l'aménagement du jardin, quelques questionnements sont utiles pour adapter votre cadre de vie aux nouveaux contextes climatiques.

PRENDRE EN COMPTE L'ENVIRONNEMENT NATUREL

Si vous pouvez agir sur la construction, ajoutez à la liste des contraintes et des travaux à prévoir la prise en compte de l'environnement naturel du site de façon à optimiser la résistance de votre habitation aux bouleversements des saisons, à la violence des intempéries, aux surchauffes saisonnières. Cela passe par le positionnement du bâti sur la parcelle, car la topographie des lieux, ses microclimats et les aménagements du jardin peuvent aider à résister aux pressions météorologiques.

Maintenir la fraîcheur

Lors de fortes chaleurs, le bâti doit pouvoir protéger ses occupants contre le rayonnement direct du soleil, stocker du froid pendant la nuit pour tempérer les pièces le jour, évacuer le mieux possible la chaleur et éviter de laisser entrer de l'air trop chaud. L'isolation par l'extérieur d'une maison ou d'un bâtiment limite la surchauffe due au rayonnement solaire sur sa façade.

UNE MAISON PASSIVE

Un bâtiment bien conçu exploite les sources de chaleur et de fraîcheur passives. La notion de construction passive désigne un bâtiment dont la consommation énergétique au mètre carré est très basse, voire nulle. Ce type de construction vise également le confort des habitants dans la globalité de l'habitat. Un exemple : en climat chaud, la maison passive réduit ses dépenses de climatisation grâce à l'inertie du bâtiment ou encore à une ventilation naturelle nocturne, ou encore à un puits canadien qui permet de profiter de la fraîcheur du sol en été. Ce type d'habitat s'autorégule tout au long de l'année. Si la maison existe déjà, rassurez-vous, il est encore possible d'agir, en particulier via le jardin.

L'EXTÉRIEUR JOUE UN GRAND RÔLE

Le jardin joue un rôle non négligeable sur la climatisation de l'habitation tant par la végétation qui l'entoure que par celle qui recouvre la toiture. Plus globalement, la fraîcheur passe également par une bonne gestion des eaux de pluie. Un exemple concernant l'isolation par l'extérieur : l'ajout d'une pergola sur la largeur de la maison exposée au sud limitera la chaleur dans les pièces. Elle agit comme un avant-toit mettant à l'ombre les fenêtres pour éviter la surchauffe. Agrémentée de végétation, elle maintiendra d'autant mieux une certaine fraîcheur.

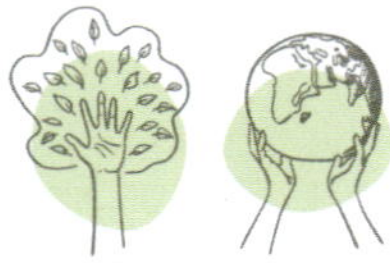

L'arbre : un climatiseur naturel de la maison

Nous connaissons bien le rôle de coupe-vent d'arbres implantés à proximité de la maison. En parallèle, judicieusement choisi, placé et orienté, l'arbre aura un effet rafraîchissant sur le bâti. Il coupera les rayons du soleil au moment le plus chaud de la journée et son ombre portée contribuera à réduire la température à l'intérieur de la maison en rafraîchissant la façade et en ombrant les fenêtres.

UN EFFET SAISONNIER

Dans les contrées chaudes et lumineuses une bonne partie de l'année, les essences à feuillage persistant sont recommandées. Dans les régions septentrionales, il est préférable de choisir des espèces à feuilles caduques qui feront écran en été mais n'occulteront pas la lumière hivernale dont l'intensité est faible à cette saison. Car, en cette saison, le soleil n'est plus à redouter, bien au contraire.

DÉTOURNER LES COURANTS CHAUDS

L'arbre près de la maison peut également limiter les rayonnements réfléchis du soleil. Retenez qu'une essence dont le port est en boule sera efficace pour procurer de l'ombre sur la façade alors qu'une espèce à port colonnaire sera également utile pour limiter les rayonnements réfléchis du soleil.

Outre le bien-être procuré, cet effet permet également de mieux réguler la température intérieure et de moins consommer d'énergie.

Des arbres plutôt que la clim

Par son couvert végétal, l'arbre bloque la lumière du soleil, fait de l'ombre et transpire par ses feuilles. Cela crée de l'humidité et assure finalement une climatisation naturelle. Une étude menée par l'Ademe (Agence de la transition écologique) démontre qu'un arbre mature peut évaporer jusqu'à 450 litres d'eau par jour, soit l'équivalent de 5 climatiseurs qui tourneraient pendant 20 heures.

LES PLANTES AUGMENTENT L'ALBÉDO

L'albédo se définit comme la quantité de rayonnement solaire réfléchie par une surface. Plus l'albédo est élevé, plus l'énergie repart vers l'espace et moins il reste d'énergie pour réchauffer l'atmosphère. Lorsqu'une surface absorbe le rayonnement solaire, sa température augmente. Donc plus son albédo est bas, plus une surface se réchauffe facilement comme dans le cas de l'asphalte. À l'inverse, une surface blanche telle que la neige a un albédo élevé.

Couvrir les sols de végétaux augmente l'albédo. À proximité de l'habitation, le couvert végétal associé à la plantation d'un arbre auront donc un effet non négligeable sur le rafraîchissement de l'air sur la façade.

Créer de l'ombre

Bloquer les vents chauds

Éviter les rayonnements réfléchis

Comment faire pour ne pas se planter ?

Avant d'installer un arbre près de la maison, vérifiez bien la taille (hauteur et largeur) qu'il est censé avoir à l'âge adulte ! Il est évident que plus la taille adulte annoncée est importante, en hauteur comme en largeur, plus l'arbre aura besoin de place pour s'épanouir. Il faut prendre en compte ce déploiement futur de la partie aérienne, mais aussi de ses racines avant d'acheter l'arbre « climatiseur ».

BIEN CHOISIR… SES RACINES

Comme vu précédemment, la silhouette élancée est à privilégier, car mieux adaptée à la fonction souhaitée. Toutefois, il ne s'agit pas simplement de considérer la végétation de l'arbre, mais également de tenir compte de son système racinaire.

Préférez donc des arbres à racines dites fasciculées, bien ramifiées et ne s'étalant pas trop. C'est le cas du lilas des Indes (*Lagerstroemia indica*), du grenadier (*Punica granatum*). Les espèces à racines pivotantes sont intéressantes également si aucune canalisation fragile n'est sur leur parcours. Bien ancrés dans le sol, ces arbres résisteront aux vents et aux périodes de sécheresse. C'est le cas du chêne tel que *Quercus robur* f. *Fastigiata* 'Koster' ou encore du cerisier du Japon (*Prunus serrulata* 'Amanogawa').

Les petits arbres et arbustes conduits sur tige à la silhouette compacte ont un enracinement moins développé et s'adaptent également bien à l'ombrage à proximité de la maison comme l'abélia, le goyavier du Brésil (*Feijoa sellowiana*), le saule crevette (*Salix integra* 'Hakuro Nishiki').

COMBATTRE LES IDÉES REÇUES

« L'arbre va endommager ma toiture ou ma façade. » Faux. L'ombre créée par un arbre ne provoque pas la pourriture de la toiture ou l'apparition de la mousse. L'humidité éventuellement remarquée peut provenir de la conjonction de l'évapotranspiration de l'arbre et de l'accumulation des pluies, qui ont tendance à persister plus longtemps à l'ombre. Le moyen d'y remédier est de respecter une distance de plantation de 4 à 6 m et de couper les branches qui s'approcheraient à moins de 2 m du bâti de façon à permettre au vent de circuler librement et ainsi d'aérer la zone.

LA FAUSSE BONNE IDÉE

Certaines espèces ne sont pas à planter à proximité de la maison : c'est le cas du figuier dont le système racinaire est très performant dans la recherche d'eau. Idem avec le saule pleureur dont les racines peuvent s'étaler sur plus de 25 m.

Faux-cyprès

Cerisier du Japon

Saule crevette

RAFRAÎCHIR LE BÂTI

Isoler la façade

Un matériau qui réfléchit les rayons du soleil plutôt qu'il ne les absorbe diffusera moins de chaleur. C'est la raison pour laquelle la peinture blanche, la chaux ou tout autre composant blanc appliqué sur les murs et les toits-terrasses sont utilisés dans les pays à climat chaud. Utiliser cette pratique sous nos latitudes est une première solution pour limiter le réchauffement de l'air à proximité de l'habitation.

UTILISER L'EXUBÉRANCE DE LA VÉGÉTATION

Un autre moyen naturel de limiter le stockage de la chaleur est d'isoler en recouvrant l'habitation de végétation. Les plantes grimpantes présentent le double avantage d'avoir un pouvoir couvrant important et une croissance rapide. Une première technique est de planter des espèces dites volubiles au pied des façades exposées le plus aux rayons du soleil. Il est également possible de palisser et de tailler un arbre en espalier (pommier, poirier, magnolia…).

IL Y A PLANTES GRIMPANTES ET… PLANTES GRIMPANTES

Selon leur mode de développement et la nature du support à leur prévoir, les plantes grimpantes sont classées en six catégories. Les plantes **volubiles** sont caractérisées par la capacité de leurs tiges à s'enrouler sur un support. C'est le cas du jasmin, du jasmin étoilé, du chèvrefeuille… Les plantes **à vrilles** émettent des organes spécifiques qui s'enroulent autour du support (passiflore, vigne japonaise, bignone du Chili, bignone à vrilles,

À bonne distance

Faites grimper les plantes à une certaine distance du mur (entre 15 et 20 cm) de façon à créer une couche d'aération entre le mur et les plantes. Pour cela, utilisez un système de câbles métalliques qui soutiendra solidement les grimpantes. Adaptez le dispositif aux caractéristiques des espèces végétales, à la nature du revêtement du mur et au poids des végétaux.

clématites…). Les plantes **à ventouses** s'accrochent au support en sécrétant des substances adhésives (vigne vierge). Les espèces **à crampons** émettent des petites excroissances qui maintiennent la plante en contact avec le mur et dans ses anfractuosités (lierre commun, bignone commune, hortensia grimpant, *Muelhenbeckia complexa*…). Celles **à épines crochets** s'ancrent en général sur les autres végétaux ou sur leur support (bougainvillée, rosier grimpant). Enfin, les plantes grimpantes **sarmenteuses** ne présentent aucun dispositif morphologique particulier. Leurs longues tiges doivent être palissées. C'est le cas des rosiers lianes, de la bignone à grandes fleurs, du plumbago du Cap, du rosier de Banks, du frémontodendron.

LE LIERRE ABÎME LES MURS

Faux. Contrairement à une idée reçue, le lierre ne détériore pas une façade sauf si celle-ci est abîmée. Comme le lierre, toutes les plantes à crampons peuvent donc être utilisées sur tout type de mur, exception faite des façades lisses (métaux, verre, briques vernissées).

Végétaliser la toiture

Un toit végétal réduit les entrées de chaleur de 91 à 99 % et les déperditions de froid de 27 à 38 % par rapport à une toiture classique. En outre, le couvert végétal prolonge sa durée de vie en le protégeant contre les rayons ultraviolets du soleil.

DE L'EXTENSIF…

Il existe plusieurs types d'aménagement selon l'accès à ce toit. Si l'accès et/ou sa portance sont limités, optez pour la solution extensive. Il s'agit d'un tapis végétal ras, essentiellement composé de sédums, enracinés sur une faible épaisseur de terre. C'est un jardin autonome. Cet aménagement peut être réalisé sur des toits de diverses compositions (béton, acier, bois) et sur des pentes allant jusqu'à 20 %.

… AU JARDIN-TERRASSE

Le système semi-intensif autorise une plantation d'espèces végétales plus diversifiées, incluant des plantes plus imposantes que le sont les sédums, mais toujours frugales comme des graminées, des lavandes… Le substrat est spécifique, comme dans le premier cas, et la couche de drainage sert également à la rétention en eau. L'entretien de cette toiture reste limité si le choix végétal est adapté à la situation.

Le système intensif revient à l'aménagement d'un jardin de pleine terre. L'épaisseur de terre est plus conséquente, autorisant la plantation d'arbustes, de petits arbres, de vivaces adaptés quand même aux conditions rudes d'un toit (chaleur en été, exposition aux vents...). Cet aménagement est à réserver à des structures en béton, après avoir vérifié les charges du jardin en regard de la portance du toit, prévu une nappe d'étanchéité résistante au développement racinaire et ajouté une couche filtrante à celle dédiée au drainage. La pente du toit ne doit pas excéder 5 % et une zone stérile autour du jardin est à prévoir. Son installation est à confier à un spécialiste et son entretien équivalent à celui d'un jardin.

Quelques conseils

Faites-vous aider par un architecte sur la faisabilité du projet. L'Adivet (association des acteurs de la filière de la végétalisation de toitures et des façades) insiste : « Une bonne prise en compte de la nature du support et du complexe isolation-étanchéité est fondamentale pour la conception de la toiture végétalisée. »

Il est également important d'adapter les matériaux, l'équipement (arrosage) et la palette végétale à la nature du toit, du projet et de la situation. L'objectif est de conserver un taux de couverture végétale supérieur à 80 %, de contrôler le développement végétal en parallèle d'opérations de maintenance (nettoyage des entrées d'eaux pluviales, enlèvement des déchets apportés par le vent...).

INSPIRATIONS JARDINIÈRES

Limiter les surfaces minérales

Les surfaces minérales emmagasinent la chaleur dès qu'elles sont ensoleillées. En plus, elles restituent cette chaleur la nuit, limitant ainsi la possibilité de rafraîchir durablement l'air autour de votre maison.

PRENDRE EN COMPTE LES MATIÈRES ET LES COULEURS

Plus un revêtement au sol est sombre (asphalte, briques...), plus sa surface va s'échauffer, plus il absorbe la chaleur et plus il contribue à la hausse des températures ressenties dans l'air. L'écart peut atteindre 10 °C par rapport à une surface claire en position verticale et jusqu'à 20 °C en position horizontale. Une allée asphaltée présente un albédo proche de 0 (0,04) (voir p. 89), alors que des dalles claires ont un albédo de 0,45.

Pour limiter l'apport de chaleur dans votre logement, évitez au maximum les surfaces minérales autour de l'habitation. Les revêtements en bois chauffent tout autant que ceux en matière minérale, surtout s'ils sont de couleur sombre. Toutefois, le souci des revêtements minéraux ou même le bois de couleur claire est qu'ils réfléchissent les rayons du soleil et éblouissent.

Ces remarques valent également pour le mobilier de jardin. L'aluminium ou le métal, contrairement au bois, sont d'excellents conducteurs de la chaleur. Il va l'absorber rapidement et la dégager à sa surface. C'est pour cette raison qu'une table en aluminium en plein soleil l'été peut devenir très chaude. D'où l'importance de prévoir d'ombrager les zones de repos et de repas.

DES ALLÉES PERMÉABLES

Privilégiez la végétation et désimperméabilisez le plus possible les surfaces dédiées aux accès et aux cheminements dans le jardin. Pour des allées carrossables, ou une cour, optez pour des pavés à joints filtrants, ou végétalisés ou encore un revêtement en gravier ou sable dit stabilisé.

Il existe des pavés poreux, perméables, fabriqués à partir de déchets de conchyliculture. Ils sont posés sans joint, juste juxtaposés. L'infiltration des eaux de pluie se fait directement à travers la structure du matériau.

Le gravier stabilisé est un système de dalles alvéolées, emplies de gravier. Le sable stabilisé ajoute au sable un liant, qui fixe cet élément en quelque sorte, tout en laissant filtrer l'eau de pluie. Ce type d'allée stabilisée forme un sol compact et résistant. Son entretien est limité et sa durabilité intéressante. Toutefois, son installation demande l'intervention d'un spécialiste.

INSPIRATIONS JARDINIÈRES

Aménager un dallage enherbé

Une terrasse n'est pas obligatoirement de forme géométrique. Elle peut être dessinée de diverses manières, être sinueuse, s'étirer jusqu'à se fondre dans le jardin. L'essentiel est de réserver *a minima* une zone plane et pratique pour recevoir le mobilier de jardin, surtout pour la partie repas.

ACCUEILLIR DES PLANTES

Il est facile d'ajouter des bacs et des jardinières sur le dallage de la terrasse. Cependant, cet aménagement hors-sol nécessite une attention particulière en été (arrosage) et en hiver (protection contre le froid). Il est également tout aussi aisé d'ourler l'ouvrage de massifs de plantes vivaces ou d'arbustes de taille moyenne, voire d'un arbre prodiguant de l'ombre, installé en pleine terre.

D'autres types d'aménagements, prévus à la construction ou une fois l'ouvrage terminé, prévoient des incrustations végétales en pleine terre qui apporteront leur lot de fraîcheur jusque sous vos fenêtres.

Les meilleures plantes couvre-sol tolérant le piétinement

- Achillée à feuille de criste-marine (*Achillea crithmifolia*)
- Achillée odorante (*Achillea odorata*)
- Gazon des Mascareignes (*Zoysia tenuifolia*)
- Thym laineux (*Thymus pseudolanuginosus*)
- Thym rampant (*Thymus hirsutus*)
- Verveine nodulaire (*Phyla nodiflora*)

UNE TERRASSE EN DAMIER

Une terrasse en bois posé sur plot ou en pierres posées sur lit de sable donne un accès facile à la pleine terre.

Un exemple : sur une terrasse en caillebotis, réalisez un damier en omettant de poser une dalle de temps à autre. Dans l'espace laissé vide, creusez un trou dans la terre, emplissez-la d'un mélange de sable et de compost et installez des graminées, des gauras, des verveines de Buenos Aires, ou de plus petites comme le gazon d'Espagne.

Un autre exemple, sur une terrasse en pierres ou en pavés, laissez de l'espace entre chaque élément pour y glisser des boutures de thym, de gazon des Mascaraignes en lieu et place des joints.

RECYCLER UN VIEUX DALLAGE

Le moindre interstice ou fissure dans le revêtement vétuste d'une cour peut être l'occasion d'y repiquer quelques boutures de thyms. Cette plante, aux multiples déclinaisons d'espèces, s'étend très facilement et tapissera les moindres recoins.

La végétation prendra racine dans la terre sous les dalles. Sélectionnez de préférence des espèces faciles à cultiver, résistantes à la sécheresse et pour les plus rases, tolérant le piétinement.

GÉRER LES FLUX D'EAU DE PLUIE

Faire circuler l'eau

Les bouleversements climatiques obligent à revoir micro-localement la manière de concevoir son jardin. En parallèle de la création d'îlots de fraîcheur, la gestion de l'eau devient primordiale. Les années sont marquées de plus en plus souvent par des intempéries violentes, dont des pluies conséquentes, en parallèle (ou non) des grosses chaleurs. Le jardin peut – et surtout doit – contribuer à ralentir la course de l'eau en la laissant cheminer pour lui permettre de s'infiltrer dans le sol, et ainsi éviter l'érosion des terres et l'engorgement des réseaux.

INSTALLER DES RIGOLES

Relevez tous les mouvements de votre terrain (creux, bosses, pentes...) et élargissez cette analyse aux alentours. Observez son comportement lors de fortes pluies et soulignez son ruissellement par un circuit de rigoles, de mini-rivières, de fossés et poches de rétention ou noue. Ces dispositifs permettent de canaliser et ralentir le cours de l'eau, limitant l'érosion et les coulées de terre du jardin. Ce ralentissement du parcours de l'eau peut même créer des éléments paysagers et des animations jardinières intéressantes.

CRÉER DES RESTANQUES

Tirez profit d'une pente pour créer un jardin en terrasses à l'image des restanques, ces successions de terrasses retenues par des murs de pierre sèche qui façonnent le paysage provençal.

Cette technique de culture ancestrale non seulement transforme une pente hostile en une succession de parcelles planes (planches), cultivables, mais permet également une meilleure gestion de l'eau et une fertilisation du sol à chaque étage. Le relief en escalier ralentit la vitesse d'écoulement de l'eau lors des forts orages. Celle-ci stagne davantage et peut donc mieux s'infiltrer sur une planche au profit de la culture en place. De plus, les sols subissent moins l'érosion due à la pente, car ils ne sont pas emportés vers l'aval. La structure des murs est très importante. Ils résultent uniquement de l'agencement des pierres. Aucun mortier les scelle entre elles. Ainsi faits, ils laissent s'écouler l'eau et permettent un bon drainage des terrasses. Enfin, la pierre accumule la chaleur du soleil durant le jour et la restitue progressivement à son environnement, notamment, la nuit, atténuant ainsi les effets d'une grande variation de températures lors de périodes chaudes.

GÉRER LES FLUX D'EAU DE PLUIE

Gérer l'eau venue du toit

La surface de la toiture de l'habitation génère des flux d'eau qui peuvent être considérables et difficiles à gérer lors d'épisodes d'orages violents ou de longues périodes pluvieuses. Et cela, malgré la présence de gouttières. Les abords de la maison gagnent à être perméables de façon à ce que l'eau puisse s'infiltrer rapidement dans le sol. Plusieurs méthodes sont proposées pour améliorer cette gestion de l'eau. L'une d'elle a été évoquée dans les pages précédentes : la végétalisation du toit lorsque celui-ci a une faible pente. En voici deux autres...

DES TRANCHÉES

À l'aplomb des gouttières ou du toit, la création d'une tranchée drainante permet de recueillir l'eau de pluie et de la stocker temporairement. Cette tranchée profonde de 70 cm, plane au fond, est tapissée d'un film géotextile, puis emplie de graves. L'eau en surplus peut être guidée vers un jardin de pluie, conçu de manière à capter l'eau qui s'écoule, à la retenir le temps qu'elle s'infiltre dans le sol. En ce sens, il est différent d'un jardin d'eau.

UN JARDIN DE PLUIE

Le jardin de pluie se place de préférence sur une pente douce (inférieure à 12 %), pas trop éloigné de la maison, sinon, il vous faudra creuser une rigole ou allonger la tranchée pour conduire l'eau jusqu'à lui. L'idéal est de le positionner entre 4 et 8 m de la façade, à la confluence des eaux de pluie en provenance des gouttières

de la maison et du ruissellement des terrains alentour. Assurez-vous que le sous-sol à cet endroit ne comporte pas de canalisations et soit filtrant. Si le drainage n'est pas suffisant, choisissez un autre emplacement.

Sa dimension (entre 5 et 30 m²) est déterminée par la surface de collecte d'eau pluviale et la surface dont vous disposez. Si votre espace est petit, le jardin de pluie sera creusé plus profondément (jusqu'à 20 cm) ; si au contraire vous avez de la place, il peut être plus grand et moins profond. Tapissez le fond de la fosse d'une couche de gros cailloux, sans les tasser. Ajoutez de la terre en surface pour implanter des végétaux. Prévoyez différentes strates de végétation (vivace, arbustive, et semi-aquatique) avec des espèces adaptées à votre climat et surtout pouvant supporter à la fois un sol détrempé et une terre fraîche à humide lors des périodes sans pluies. Les plantes des berges de cours d'eau ou de marais ont cette capacité.

Une sélection de plantes pour jardin de pluie

- Iris de marais (*Iris pseudacorus*)
- *Houttuynia cordata*
- Reine-des-prés (*Filipendula ulmaria*)
- Lysimaque
- Hibiscus des marais (*Hibiscus moscheutos*)

GÉRER LES FLUX D'EAU DE PLUIE

Créer une noue végétalisée

La noue (ou fossé végétalisé) fonctionne selon les mêmes principes qu'une mare. C'est une variante du jardin de pluie, car elle sert, comme lui, à emmagasiner temporairement l'eau de pluie, en attendant qu'elle s'infiltre dans le sol, s'évapore ou s'écoule vers un autre réseau.

OÙ LA PLACER ET COMMENT ?

La noue peut être éloignée de la maison et placée sur le chemin de l'eau de ruissellement à la suite de pluies. Ce stockage temporaire de l'eau contribue à rafraîchir l'atmosphère en été après un orage. La noue est de forme allongée, peu profonde (15 cm) et d'une largeur maximale de 60 cm. Sa longueur peut varier selon la place disponible. Les pentes du fossé sont douces ce qui facilite l'installation de la biodiversité, faune et flore. Jardin de pluie, noue, mare, bassin de phytoépuration participent à une meilleure acceptation des fortes températures estivales en favorisant l'évapotranspiration par les végétaux.

UN JARDIN UN PEU SAUVAGE

La végétation qui la tapisse a un rôle important, car c'est elle qui va favoriser l'infiltration de l'eau. Les parois du fossé sont plantées, car cela permet de stabiliser le talus et de prévenir l'érosion.

La noue abrite une végétation spontanée et/ou plantée avec des espèces tolérant les excès comme les manques d'eau. Le choix végétal dépend de la nature du sol, de la région et se porte sur une liste d'espèces aquatiques (vivant les pieds dans l'eau) ou hygrophiles (qui se développent dans les milieux humides).

Une sélection de plantes hygrophiles

- Houlque laineuse
- Molinie bleue
- Cardamine des prés
- Salicaire
- Reine-des-prés
- Roseau
- Iris des marais
- Prêle
- Menthe aquatique
- Aulne glutineux
- Saules

QUELQUES CONSEILS

Le fond de la noue doit être plan afin d'empêcher la stagnation de l'eau dans des poches. Évitez de compacter le sol pour conserver sa capacité d'infiltration. Il est préférable d'attendre que la végétation ait poussé et que la saison des fortes pluies soit passée avant sa mise en service.

Pourquoi pas un bassin de phytoépuration ?

Le bassin de phytoépuration est une station d'assainissement où les eaux usées circulent à travers des graviers et les racines des plantes. Ces dernières, avec l'aide de bactéries, traitent et purifient de façon autonome. Ce système n'émet aucune odeur, car la dégradation des matières est complète en contact avec l'oxygène, le processus produisant de la vapeur d'eau et de l'humus. Il est possible d'installer ce système à l'échelle de votre habitation. En plus de l'assainissement des eaux usées, ce bassin, alternative à la fosse septique, ajoute un îlot de fraîcheur au sein de votre propriété.

Jardiner autrement

CRÉER DES NUAGES !

Les haies, bosquets comme les forêts créent des courants d'air. Afin d'en optimiser les turbulences, optez pour des plantations étagées. Diversifiez les tailles et les formes végétales de façon à créer des courants d'air ascendants qui emportent l'humidité vers l'atmosphère pour former les nuages.

LES RIVIÈRES VOLANTES

Cette appellation est donnée à la concentration de nuages chargés d'humidité qui s'étirent au-dessus des grandes forêts telles que l'Amazonie et bien au-delà sur les terres d'Amérique du Sud. Ces « rivières » expriment l'activité de transpiration des arbres. Lorsque la vapeur émise par les arbres s'élève à 5 km au-dessus de la canopée, elle se refroidit et l'eau devient liquide. Cette transformation engendre une diminution de la pression atmosphérique au-dessus de la forêt, laquelle attire l'air chargé d'humidité en provenance de l'océan voisin et provoque un vent. Cette « rivière » de nuages peut s'étirer sur plusieurs milliers de kilomètres. Ce vent chargé d'humidité génère des précipitations sur le continent. La végétation a donc un rôle très important sur le cycle de l'eau. Raison pour laquelle il est primordial de planter le plus possible dans nos jardins.

Que se passe-t-il dans les régions du monde où il ne pleut jamais ?

Il est un arbre aux îles Canaries capable d'arroser la végétation qui le côtoie. Les hommes l'ont baptisé « l'arbre fontaine ». Il s'agit du garoé (*Ocotea foetens*), qui, autrefois, poussait dans les forêts recouvrant les îles des Canaries et de Madère. Ses feuilles ont la particularité de capter l'humidité de la nuit et, tous les matins, de laisser tomber l'eau condensée au pied de l'arbre. Au XVe siècle, la population de l'île de Hierro s'approvisionnait ainsi en eau douce. L'arbre voyagea outre-Atlantique vers le Mexique, où il sera utilisé pour les mêmes raisons.

Au Chili, dans la région de l'Atacama, zone littorale située sur les versants orientés vers le Pacifique, l'une des plus arides au monde, la froideur des eaux de l'océan couplée au phénomène d'upwelling (remontée d'eau par de forts vents marins) entraîne la formation de brumes, sans précipitations notables. Imitant la nature, les habitants attrapent l'eau à l'aide de filets verticaux tendus dans la brume. Les fines gouttelettes sont piégées dans des mailles et tombent dans des réservoirs installés au pied des filets.

Gilles Clément a reproduit cet effet au mont Gerbier de Jonc, en Ardèche, en construisant une tour à eau en pierre qui condense l'humidité de l'air dans un réservoir central.

PLANTES GRIMPANTES

BIGNONE À VRILLES
(Campsis ou Bignonia capreolata)

Cette plante grimpante se distingue de la bignone classique par des fleurs en trompettes jaunes, orange cuivré, plus petites, qui diffusent un parfum de café. La floraison s'étale de mai à septembre. Son feuillage, épais et persistant, se colore de teintes violacées en hiver.

8 m / 4 m.

La bignone à vrilles peut garnir un treillage sur un balcon ou une terrasse tout autant qu'une façade de maison orientée sud. Elle est très résistante à la sécheresse.

HOUBLON DORÉ
(Humulus lupulus 'Aureus')

Plante grimpante à feuillage caduc et trilobé (comme la vigne), le houblon se développe rapidement sur tout type de support. Le cultivar 'Aureus' apporte en plus des teintes jaunes lumineuses. C'est une plante dioïque. Les pieds femelles présentent des fruits caractéristiques (cônes) très décoratifs.

6 m / 1,5 m.

Le houblon recouvre sans problème pergolas, treilles et façades. Il sera encore mieux en association avec l'akébia, par exemple. Se cultive également en pot.

CHEVEUX DE VÉNUS
(Muehlenbeckia complexa)

Cette plante vivace arbustive, vigoureuse et volubile s'enracine facilement au contact du sol. Ses petites feuilles persistantes rondes, épaisses sont vert sombre ou vert-jaune (dans le cas du cultivar 'Golden Girl'). Sa floraison estivale est très discrète.

2 m / 2 m.

Le *Muelenbeckia* résiste bien à la sécheresse et aux vents. Il est tout aussi capable de tapisser le sol que de grimper sur un mur, habiller une clôture. Se cultive bien en pot.

JASMIN ÉTOILÉ
(Trachelospermum jasminoides)

C'est une plante grimpante au feuillage dense, vert foncé et persistant. Durant tout été, de petites fleurs en forme d'étoile (blanches ou rosées) apparaissent et emplissent l'air d'un délicat parfum. Le jasmin étoilé supporte les vents et les embruns. Il existe plusieurs cultivars dont un au feuillage pourpre en hiver ('Winter Ruby').

jusqu'à 6 m / 3 m.

Le jasmin étoilé convient aussi bien en pleine terre qu'en pot. Il peut habiller murs, treillages, tonnelle. Sa croissance est assez rapide.

LIERRE
(Hedera helix)

C'est une liane autant capable de grimper sur un support que de courir sur le sol. Ses feuilles persistantes sont coriaces, de formes et de couleurs diverses selon les cultivars. Sa floraison au début de l'automne est très discrète. Des baies noires s'ensuivent. Il est très rustique, croît rapidement et peut vivre très longtemps.

jusqu'à 20 m / 10 m.

Le lierre peut couvrir un mur ou une façade. Ses feuilles ont la capacité de capter l'eau la nuit par sa face inférieure, de la condenser et de l'acheminer jusqu'aux racines, contribuant à maintenir la fraîcheur d'un sol.

ROSIER DE BANKS
(Rosa banksiae)

C'est un rosier liane sans épine, au feuillage persistant vert moyen. Le rosier de Banks est particulièrement visible en mars-avril lorsqu'il se couvre d'une multitude de petites fleurs doubles blanches (variété 'Albo Plana') ou jaunes ('Lutea'). Il nécessite d'être palissé sur un support. Il est moins rustique que ses cousins du genre *Rosa*.

jusqu'à 12 m / 6 m.

Le rosier de Banks est intéressant pour son feuillage persistant et son adaptation à la sécheresse. Il peut couvrir un mur ou recouvrir une tonnelle rapidement.

VIGNE DE COIGNET
(Vitis coignetiae)

C'est une vigoureuse plante grimpante aux grandes feuilles en forme de cœur, vert assez clair, devenant jaune-orange puis rouge à l'automne, avant de tomber. Des fruits bleu foncé (non comestibles) suivent, en fin d'été, une floraison discrète en grappes verdâtres.

12 m / 4 m.

La vigne de Coignet peut couvrir rapidement et densément une tonnelle ou un mur. Elle s'associe bien au houblon doré.

VIGNE VIERGE
(Parthenocissus quinquefolia)

De fines tiges munies de ventouses permettent à cette vigoureuse plante grimpante de s'accrocher à tout type de support. Ses feuilles caduques découpées en cinq folioles démarrent la saison vertes pour la terminer rouge vif à l'automne. En fin d'été, des fruits bleu foncé ajoutent encore de la couleur à cette vigne vierge. Le cultivar 'Engelmannii' présente des couleurs plus vives que l'espèce type.

12 m / 10 m.

En plus de sa capacité à couvrir rapidement un mur ou une tonnelle, la vigne vierge laissera filtrer la lumière en hiver après la chute des feuilles. À tailler régulièrement.

ARBRES EN BORDURE DE LA MAISON

ARBRE AUX QUARANTE ÉCUS
(Ginkgo biloba 'Menhir')

Cet arbre aux feuilles caduques se reconnaît aisément à la forme en éventail de ses feuilles vert clair virant à l'or à l'automne. Sa silhouette pyramidale est également typique. Le cultivar 'Menhir' s'en distingue franchement par un port élancé et très étroit. La croissance du ginkgo est lente.

15 m / 2 m.

Le port colonnaire du cultivar 'Menhir' permet plus facilement de planter ce ginkgo à proximité de la maison, à la différence de l'espèce type au port plus étalé. À l'automne, il illuminera l'intérieur de la maison puis laissera filtrer la lumière en hiver.

AULNE IMPÉRIAL
(Alnus glutinosa 'Imperialis')

Cet arbre de taille moyenne présente un très joli feuillage caduc finement découpé et allongé. Au printemps, sa floraison abondante en chatons jaunes pendants est tout aussi décorative. Il résiste bien au vent.

9 m / 4 m.

Son port pyramidal et sa taille modeste sont adaptés à une plantation non loin de la maison et du jardin de pluie, car l'aulne affectionne les sols frais.

CHÊNE PÉDONCULÉ FASTIGIÉ
(Quercus robur f. Fastigiata 'Koster')

Le chêne pédonculé, symbole des forêts d'une grande partie de la France, est imposant. Le clone *Fastigiata* 'Korster' se distingue par un port élancé et pyramidal. Son feuillage lobé est plus grand que celui de l'espèce type. Il est marcescent : les feuilles de l'année restent accrochées à l'arbre en hiver jusqu'à l'apparition de nouvelles au printemps.

15 m / 3 m.

Grâce à son port pyramidal, ce chêne peut être planté en haie champêtre ou non loin de la maison pour ombrer les pièces en été et ne pas trop occulter la lumière en hiver.

CYPRÈS D'ITALIE
(Cupressus sempervirens 'Totem')

Arbre emblématique des paysages du sud de l'Europe, la silhouette élancée de ce conifère au feuillage persistant est indissociable des maisons de la campagne toscane et de la Provence. Sa croissance est très rapide et sa longévité exceptionnelle.

6 m / 1 m.

Sa densité végétale et la finesse de sa forme permettent d'ombrer spécifiquement les pièces de la maison les plus exposées au soleil sans créer une masse trop sombre.

FÉVIER D'AMÉRIQUE DORÉ
(Gleditsia triacanthos 'Sun Burst')

Cet arbre de taille moyenne est remarquable par son feuillage caduc, léger, doré à vert très clair en saison, puis orangé à l'automne. Il est dépourvu d'épines. Il résiste bien à la sécheresse.

10 m / 8 m.

Planté non loin de la maison côté sud, il pourra ombrer et rafraîchir les pièces de la maison tout en les illuminant à l'automne. Il laisse filtrer les rayons du soleil à travers ses branches en hiver. Il peut aussi être utile pour procurer une ombre légère à un coin détente du jardin.

TILLEUL COMMUN
(Tilia x europaea 'Pallida')

Ce cultivar de tilleul à feuillage caduc, tout comme l'espèce type, s'en distingue par une silhouette pyramidale à l'âge adulte. Il résiste bien à la sécheresse et aux embruns. Sa croissance est lente.

25 m / 15 m.

Planté non loin de la maison côté sud, il pourra ombrer et rafraîchir efficacement les pièces de la maison tout en laissant filtrer la lumière en hiver, lorsque les feuilles seront tombées.

PLANTES COUVRE-SOL POUR TOIT VÉGÉTALISÉ ET/OU QUI SE PIÉTINENT

ACHILLÉE À FEUILLE DE CRISTE-MARINE *(Achillea crithmifolia)*

C'est une plante vivace vigoureuse au feuillage gris finement découpé, duveteux et persistant. Elle fleurit d'avril à juin. Ses fleurs en ombelle sont blanc crème. Elle résiste très bien à la sécheresse et se multiplie facilement par drageons.

20 cm / 80 cm.

Très tapissante, cette achillée supporte un piétinement occasionnel et peut donc s'insérer dans un dallage.

ACHILLÉE ODORANTE *(Achillea odorata)*

Cette autre espèce du genre *Achillea* est plus haute que sa cousine *A. crithmifolia*. Son pouvoir couvrant n'en est pas moins intéressant. Son feuillage persistant est très découpé, vert-gris, duveteux et aromatique. Cette plante vivace résiste bien à la sécheresse Elle fleurit en ombelles blanches de mai à juillet.

30 cm / 50 cm.

L'achillée odorante tolère un piétinement modéré et constitue donc une bonne alternative au gazon dans les régions à étés secs.

GAZON DES MASCAREIGNES *(Zoysia tenuifolia)*

Il s'agit d'une graminée au feuillage fin et doux de petite taille qui résiste à la sécheresse. Ce gazon croît lentement, s'étale grâce à des rhizomes traçants et forme des touffes serrées.

10 cm / 40 cm.

C'est une bonne alternative au gazon sur sol sec et climat doux. Il tolère le piétinement.

ORPIN *(Sedum sp.)*

L'orpin, ou sédum, est une plante vivace aux multiples espèces succulentes qui résistent très bien à la sécheresse. Parmi les espèces couvre-sol, à feuillage persistant et rustiques : *Sedum pachyclados* pour son feuillage en rosette ; *S. sieboldii* au feuillage gris bleuté et à la floraison rosée ; *S. reflexum* aux feuilles effilées vert clair à doré et orangé au printemps et à l'automne ; *S. acre* à la myriade de petites fleurs jaunes étoilées en été. Toutes se propagent très facilement.

5-15 cm / 30 cm.

Les orpins sont adaptés à la végétalisation des toits, à la culture en pot sur une terrasse en plein soleil et à l'installation dans les interstices des dallages (*S. acre* en particulier).

THYM RAMPANT *(Thymus sp.)*

Outre son utilisation en cuisine, sa propension à se multiplier en fait un excellent couvre-sol en situation sèche. Les meilleures espèces pour cet usage : *Thymus doerfleri* et son abondante floraison rose ; *T. herba-barona* ou thym corse au feuillage vert foncé à odeur camphrée ; *T. serphyllum* ou thym serpolet, très ras et florifère ; *T. nitens*, très florifère, au port dressé et dense ; *T. hirsutus* aux feuilles vert foncé devenant violettes en hiver et au port dense.

5-10 cm / 30-50 cm.

Les thyms présentent un effet tapissant très intéressant pour remplacer le gazon ou encore les joints du dallage d'une terrasse. Certaines espèces supportent assez bien le piétinement (*T. herba-barona, T. hirsutus*).

VERVEINE NODULAIRE *(Phyla nodiflora)*

Cette plante vivace couvre-sol au feuillage vert clair, duveteux et caduc se propage par stolon pour coloniser l'espace. Elle finit par composer un tapis dense. Les fleurs, rose pâle, parfumées, sont petites, mais si nombreuses qu'elles couvrent littéralement la végétation en été. La verveine nodulaire attire les insectes pollinisateurs.

5 cm / 50 cm.

C'est une bonne alternative au gazon dans les régions au climat doux. Elle tolère le piétinement et pousse rapidement.

PLANTES POUR JARDIN DE PLUIE, NOUE ET BASSIN DE PHYTOÉPURATION

HOULQUE LAINEUSE PANACHÉE *(Holcus mollis 'Albovariegatus')*

Cette graminée aux feuilles caduques, effilées, velues et vertes marginées de blanc dans le cas de ce cultivar, est de taille moyenne. Elle fleurit en épillets fins verts en été. Son rhizome traçant lui permet de s'étaler.

25-50 cm / 50 cm.

Sa propension à couvrir le sol et sa tolérance pour des sols frais à secs prédestinent la houlque laineuse aux pentes d'une noue. Se cultive également en pot.

IRIS DE MARAIS *(Iris pseudacorus)*

Plante vivace à rhizome, l'iris des marais a un feuillage vert persistant et produit, de fin de mai à juillet, de grandes fleurs jaunes dressées au-dessus du feuillage.

1 m / 80 cm

Très rustique, c'est une bonne plante épuratrice et fixatrice de berges. Il tolère autant les berges d'un bassin qu'une immersion de quelques centimètres et s'adapte donc au jardin de pluie et à la noue. Il peut aussi être introduit dans un microbassin sur une terrasse.

LYSIMAQUE PONCTUÉE *(Lysimachia punctata)*

Cette vivace touffue et dressée est très robuste. Son feuillage vert clair est caduc et sa floraison en hampes de fleurs jaunes dure longtemps. Sa croissance est rapide et elle peut s'étendre par l'intermédiaire de ses rhizomes un peu traçants.

1,20 m / 50 cm.

La lysimaque forme un couvre-sol intéressant en bordure de bassin, dans un jardin de pluie, une noue, mais également en lisière de bosquet. Se cultive également en pot.

MENTHE AQUATIQUE *(Mentha aquatica)*

Cette petite plante vivace, très rustique, présente un feuillage semi-persistant vert teinté de pourpre et une floraison estivale en petits bouquets de fleurs rose pâle. Sa croissance et sa propagation sont rapides.

40 cm / 20 cm.

Elle est bien utile pour fixer le talus des noues, agrémenter les berges d'un bassin, d'un microbassin de balcon, car elle peut être cultivée en pot. C'est une bonne plante épuratrice pour un bassin de phytoépuration.

MOLINIE BLEUE
(Molinia caerulea)

Il s'agit d'une grande graminée à la silhouette légère, en particulier lorsque les épis floraux se développent en fin d'été. Elle est extraordinaire à l'automne lorsqu'elle se pare de couleurs dorées. Le feuillage est semi-persistant.

90 cm / 30 cm.

Très rustique, tolérant tout type de sol jusqu'à supporter quelques épisodes de sécheresse, la molinie bleue peut être associée en massif dans un jardin de pluie ou au creux d'une noue en plus d'agrémenter un massif en lisière de bosquet.

POIVRIER DE CHINE
(Houttuynia cordata)

C'est une plante vivace couvre-sol très intéressante dans les situations difficiles du jardin, car elle s'accommode autant de la sécheresse que d'un sol détrempé. Son feuillage est bariolé (d'où son autre appellation de « plante caméléon ») et caduc. Sa floraison, assez discrète, intervient en été. Le poivrier de Chine croît rapidement et s'étend par le biais de rhizomes traçants.

40 cm / 50 cm.

Le poivrier de Chine est particulièrement adapté au jardin de pluie et à la noue.

REINE-DES-PRÉS
(Filipendula ulmaria)

Cette grande plante vivace, vigoureuse et rustique, a un feuillage caduc vert clair composé de plusieurs folioles. C'est par sa floraison qu'elle se fait remarquer : des corymbes composés d'une multitude de petites fleurs blanches perchées à l'extrémité de longues tiges.

1,20 m / 50 cm.

La reine-des-prés affectionne les sols frais à humides. C'est une bonne plante à installer dans une noue et sur les berges d'un bassin.

SALICAIRE
(Lythrum salicaria)

Cette grande et robuste plante vivace est spectaculaire en été lorsqu'elle devient une touffe rose carmin par le fait d'une multitude de petites fleurs réunies en épis.

1,50 m / 60 cm.

La salicaire tolère les sols frais à détrempés. Elle accompagne la flore de berge d'un bassin ou encore celle d'un massif du jardin de pluie, d'une noue, d'un bassin de phytoépuration ou encore d'une ripisylve.

Pour résumer...

Si vous avez un jardin, vous trouverez sur ce plan toutes les possibilités pour créer un îlot de fraîcheur. À vous désormais de faire votre propre plan selon votre espace et d'imaginer vos aménagements.

LÉGENDE

1, 4 et 5 : plantations au pied du mur (arbustes et vivaces résistant au sec)
2. Allée carrossable (pavés avec des joints végétaux)
3. Mur
6. Maison
7. Pergola
8. Terrasse
9. Extension au toit plat (végétalisé)
10. Jardin de pluie
11. Haies champêtres (arbres, arbustes et vivaces)
12. Arbres pour ombrage maison et terrasse
13. Keyhole garden (jardin en trou de serrure)
14. Massif lisière
15. Cheminements tracés dans prairies ou gazon peu tondu
16. Tonnelle (salon d'été)
17. Noue (rivière sèche)
18. Arbres palissés si mur
19. Haie champêtre basse
20. Bosquet jardin-forêt
21. Bassin + végétation de rive, ripisylve
22. Haie champêtre gourmande

N
O
E
S
1
2
3
4
5
6
7
8
9
10
11
12
13
14
15
16
17
18
19
20
21
22

EN VILLE, SUR UN BALCON OU UNE TERRASSE

Des microclimats particuliers

Les climats naturels, régional et local, et l'exposition au soleil n'expliquent pas tout ce qui peut se passer sur un balcon ou une terrasse. En raison de sa configuration, la ville concentre davantage la chaleur en été. Les immeubles voisins de votre balcon ou terrasse peuvent créer des ombres portées importantes ou à l'inverse, refléter davantage la lumière. La disposition des bâtiments et des rues peut parfois accélérer la vitesse des vents et conduire à de désagréables sensations. Ils dessèchent rapidement les plantations en été.

EN BAS OU EN HAUT ?

Au rez-de-chaussée et jusqu'au troisième étage, il est encore possible de bénéficier de la fraîcheur d'un arbre de la rue ou des espaces communs végétalisés. Au sommet d'un immeuble, la situation est tout autre. Le vent y est plus conséquent et desséchant et, en l'absence d'éléments d'ombrage, le soleil sera cuisant sur un balcon, une terrasse ou encore un toit-terrasse au dernier étage d'un immeuble. Outre le fait que vous n'aurez aucune envie d'y rester très longtemps, cette situation peut ruiner toutes les plantations, y compris les plus résistantes à la sécheresse, si aucune mesure n'est prise pour réduire l'impact de la chaleur.

Bien qu'un grand nombre de principes indiqués dans les chapitres précédents soient applicables en ville, il est nécessaire d'observer spécifiquement son espace en regard des caractéristiques urbaines avant de l'aménager.

LIMITER LES EFFETS NÉFASTES DES MICROCLIMATS URBAINS

Installez des brise-vent filtrants dans le couloir des courants d'air. Prévoyez une pergola ou une ombrière dans les espaces les plus exposés au soleil. Comme dans un jardin, servez-vous de la façade de l'appartement pour limiter l'échauffement de l'air en la peignant de couleur claire ou en installant de la végétation. Enfin, l'eau est bien sûr un élément de rafraîchissement important.

CRÉER DES MICROJARDINS ADAPTÉS AU MICROCLIMAT DE LA VILLE

Plutôt que de multiplier vos cultures en petits pots, osez les grands bacs. C'est ainsi que vous pourrez ombrer votre balcon ou votre terrasse avec de petits arbres et installer des arbustes et des plantes vivaces à leur pied. L'étagement des plantations contribuera à filtrer les courants d'air. Comme dans un jardin, vous parviendrez à créer un équilibre naturel et assurerez aux plantes un développement dans des conditions certes artificielles mais acceptables.

INSPIRATIONS JARDINIÈRES

Plein sud et plein soleil

Une des premières choses à faire lors de votre arrivée sur place est d'étudier la course du soleil aux quatre saisons de l'année. Selon cette exposition, votre liste des priorités sera différente.

ATTENTION À LA SURCHAUFFE

Exposé sans obstacle au soleil brûlant de l'été, un balcon ou une terrasse plein sud est difficilement supportable lorsque la chaleur s'installe. Son ombrage par les plantes aura un double effet : diminuer la température ambiante et apporter de la fraîcheur tant sur la terrasse qu'à l'intérieur de l'appartement. Mais voilà, ces espaces sont désespérants à aménager ! La végétation est mise à rude épreuve... Les échecs peuvent être nombreux si quelques précautions ne sont pas prises dès le départ.

QUELQUES PRÉCAUTIONS

La première est de vérifier la charge que peut supporter votre balcon ou votre terrasse. Cette donnée est calculable ou peut être connue de votre syndic de copropriété. En règle générale, un balcon supporte *a minima* 350 kg/m².

La seconde donnée est son étanchéité même si la majeure partie de l'aménagement végétal doit être autonome, c'est-à-dire qu'aucun écoulement de l'eau d'arrosage ne sera à déplorer.

Éloignez les pots des baies vitrées et des murs clairs qui ont tendance à réverbérer la lumière du soleil et à accentuer la chaleur.

Tapissez la façade de plantes grimpantes adaptées à cette situation. Leur emprise au sol est minimale et leur pouvoir couvrant intéressant. On peut citer l'akébie, la passiflore, le jasmin officinal.

LE CAS DU TOIT-TERRASSE

Le toit-terrasse est davantage soumis au dessèchement que les autres jardins suspendus en raison des rayons directs du soleil et des vents chauds. Au moment de son aménagement, prévoyez un arrosage intégré et soignez l'apport d'eau aux sujets les plus importants (arbres et arbustes) pendant au moins 2 ans durant les périodes sèches, tant au printemps, qu'en été ou à l'automne.

Ambiance canopée

Il est admis qu'à partir d'environ 1 000 kg/m de capacité de charge, il est possible de planter des arbres sur un espace suspendu. Quand on dit petit arbre, l'essence choisie peut atteindre 6-8 m en pleine terre. Rassurez-vous, il n'atteindra jamais cette hauteur en pot. Cela ne l'empêchera pas de bien vivre si son environnement est soigné. Choisissez une espèce ou un cultivar dont la silhouette est évasée, faisant parasol, ou taillée en cépée tels que le févier 'Skyline', le poirier pleureur, le pin noir, l'arbousier en cépée ou le lilas des Indes.

Se protéger des vents, ouest et sud-ouest

L'autre particularité des jardins suspendus est leur exposition à des courants d'air desséchants. Ces vents accentuent l'impression de chaleur en été. Pour s'en prémunir, il convient de les détourner en créant un brise-vent filtrant qui diminuera leur intensité.

CRÉER UNE HAIE

Un alignement de bacs orientés vers la source de vent fera efficacement barrage filtrant à condition de le composer comme une haie libre. Alternez les hauteurs de végétation avec des arbustes et des plantes vivaces. Parmi les arbustes les plus tolérants aux vents, choisissez des chalefs (*Elaeagnus ebbingei*), des photinias ou encore des pittosporums aux feuillages persistants et à leur pied, des achillées, des graminées... Un alignement de pots plantés de bambous ou encore de conifères colonnaires est efficace pour filtrer le vent en toute saison, tout comme des plantes grimpantes palissées sur le garde-corps du balcon telles que le jasmin étoilé ou encore un chèvrefeuille.

BRISE-VENTS

Si vous optez pour un brise-vent non végétal, utilisez des panneaux à claire-voie ou filtrants ou encore des treillages à mailles fines. Ces panneaux peuvent être doublés de plantes grimpantes pour apporter un complément de fraîcheur.

Montez les panneaux sur une hauteur suffisante pour filtrer le vent sans vous plonger dans l'ombre, ni vous priver de la vue. Comptez entre 1,50 m et 1,80 m. Plus sa hauteur est grande, plus sa prise au vent est importante et nécessite une solide accroche.

LE CAS DU TOIT-TERRASSE

À la plantation des arbres, prévoyez un tuteurage efficace. Sélectionnez des plantes au port compact qui feront davantage front aux bourrasques. Les graminées telles que *Stipa tenuissima* ou encore la fétuque bleue, les laîches (*Carex testacea*, *Carex buchananii*), sont bien adaptées à ce contexte. Autres vivaces intéressantes : la verveine de Buenos Aires, le gaura, la lavande.

Ambiance garrigue

Les sols des garrigues sont caillouteux, secs et drainants. Le relief est accidenté, surtout en raison de la présence de roches affleurantes. Sur une terrasse, pas question d'alourdir inconsidérément le sol. Une astuce : un substrat léger et nourrissant recouvert de pouzzolane (ou pierre de lave) fait bien l'affaire. La végétation est choisie pour sa résistance aux conditions de sécheresse (soleil et vent). Privilégiez les plantes à feuillage fin et gris (thym, *Echinops ritro*, lavande, santoline, achillée…) et quelques arbustes (olivier de Bohême, argousier, ciste, romarin…).

Terrasse encaissée et étouffante

En ville, une cour ou une terrasse en rez-de-chaussée peut s'avérer étouffante en été, même si elle est peu exposée au soleil direct. Enclavée dans les habitations, l'air y circule mal et lors de périodes de chaleur, celle-ci va s'accumuler jour après jour, les bâtiments alentour restituant la chaleur accumulée nuit après nuit.

DES CHOIX DÉTERMINANTS

Par ailleurs, cet emplacement aura à gérer l'excès d'eau dû au ruissellement des pluies lors d'épisodes orageux. Encore une fois, l'aménagement d'un jardin apporte des solutions aux deux problèmes. La désimperméabilisation du sol et la végétation contribuent à réguler les flux d'eau et à en faciliter son infiltration en profondeur. N'hésitez pas à utiliser tous les moyens pour rendre votre sol perméable en ajoutant du sable, du compost et autres composés organiques qui en amélioreront sa qualité et sa porosité.

TAPISSER LES MURS

Les plantes grimpantes sont très utiles pour apporter de la fraîcheur sans avoir une grande emprise au sol. Les lierres s'adaptent à toutes les situations. On peut également citer l'hortensia grimpant, le chèvrefeuille, l'akébie, le jasmin étoilé. Au pied des murs, quelques espèces à petits fruits (groseilliers, cassissiers, framboisiers, noisetiers...) raviront toute la famille.

De nombreuses plantes vivaces peuvent éclairer un coin sombre par leur feuillage décoratif (hosta, fougère), leur floraison printanière ou estivale (astilbe, primevère des jardins...). Côté arbustes, optez pour les espèces de sous-bois : aucuba, photinia, cornouiller... Des plantes couvre-sol adaptées aux situations ombragées vous permettront de vous affranchir du gazon, mal adapté à l'ombre : pervenche, lamier, *Geranium macrorrhizum*...

OSER UN ARBRE

Un arbre de petite taille procurera de la fraîcheur en été. Judicieusement positionné ou taillé (saule sur tige, par exemple), il peut occulter la vue sur ce que vous souhaitez sans créer d'enfermement. Optez pour des espèces et variétés à forme compacte et à port fastigié ou arrondi telles que le pommier d'ornement (*Malus x* 'Evereste'), cerisier à fleurs (*Prunus* 'Accolade'), érable du Japon, catalpa boule... Un arbre taillé en cépée qui laisse filtrer le regard à travers ses troncs est également un bon choix pour ce type d'espaces.

Les meilleures plantes pour une cour sèche

- Fusain
- Laurier-tin (*Viburnum tinus*)
- Acanthe
- Pervenche
- Consoude
- Aspidistra
- *Brunnera* 'Jack Frost'
- Fleur des elfes
- Ophiopogon
- Fougères.

INSPIRATIONS JARDINIÈRES

Limiter les sources de chaleur

La contribution de l'aménagement d'un balcon ou d'une terrasse à la lutte contre l'îlot de chaleur concerne aussi des éléments non végétaux. Dans les cas d'expositions ensoleillées, la nature du sol doit être étudiée. Comme vu précédemment, les revêtements de couleur sombre absorbent la chaleur et la restituent la nuit, contribuant à maintenir la chaleur de l'air.

PRIVILÉGIER LE BOIS ET LES COULEURS CLAIRES

Un béton clair convient. Après avoir vérifié la charge supportable par votre structure, vous pouvez recouvrir sa surface de caillebotis ou de lames de bois clairs. La gamme proposée est large. Si le sol de votre balcon ou terrasse peut être dallé, optez pour des matériaux de couleur claire.

Une autre possibilité est l'utilisation de tapis d'extérieur. Souvent composés de matières synthétiques (polypropylène), ceux-ci résistent bien à la chaleur.

Concernant le mobilier de jardin, outre le fait d'opter pour des meubles pliants ou modulables, légers, moins encombrants et moins susceptibles de créer des contraintes mécaniques excessives, privilégiez également le bois qui s'échauffera moins au soleil que des éléments en métal.

RAPPEL DE LA RÈGLE

Les copropriétaires d'un immeuble doivent respecter certaines règles d'usage de leur balcon privatif. En plus de l'obligation de l'entretenir, le règlement de copropriété encadre l'installation de mobilier, de stores ou encore la végétalisation. Toute modification visible de l'extérieur doit généralement faire l'objet d'une autorisation de l'assemblée générale.

LA TOILE D'OMBRAGE

La toile (ou voile) d'ombrage est une alternative au parasol et au store marquise. Le store et la toile d'ombrage tendus au-dessus d'une fenêtre ou baie vitrée ont l'avantage d'ombrer également la pièce intérieure, ce que ne permet pas le parasol. La toile d'ombrage peut être démontée et mieux orientée qu'un store marquise. C'est une toile tendue aux textures, couleurs et formats variables. Elle peut être ajourée ou finement tissée, perméable ou imperméable à la pluie. Attention, en situation ventée, l'arrimage de la toile devra être renforcé.

Sur un toit-terrasse, la pergola ou la treille (qui peut être une toile tendue sur une armature elle-même fixée au sol) est davantage appropriée.

INSPIRATIONS JARDINIÈRES

La fraîcheur de l'eau en plus

Une fontaine, un mini-bassin, un mur d'eau… en plus d'animer l'ambiance d'un balcon apportent de la fraîcheur. Une fraîcheur réelle à proximité de l'ouvrage mais également psychologique ! La vue et le bruit de l'eau apaisent et procurent une sensation de bien-être. Il est préférable de choisir un emplacement semi-ombragé afin de limiter les effets de l'évaporation de l'eau.

FACILE À IMAGINER

Une simple bassine en zinc ou deux à trois cache-pots étanches peuvent être transformés en micro-jardin aquatique avec une végétation adaptée. Les contenants doivent avoir une profondeur minimum de 40 cm pour accueillir un choix de plantes plus varié. Le fait de prévoir plusieurs microjardins d'eau permet d'élargir encore le choix entre plantes flottantes, plantes immergées et plantes de berge.

Une fontaine murale avec vasque apportera une animation supplémentaire si le débit de l'eau est bien réglé.

Ventiler les espaces confinés

En Mésopotamie et dans les habitats du pourtour méditerranéen, les maisons étaient souvent construites autour de cours intérieures ouvertes. Ces espaces permettent à l'air frais de circuler et offrent une zone ombragée pour échapper à la chaleur. Les cours intérieures peuvent également contenir des bassins d'eau, qui contribuent à rafraîchir l'air par évaporation.

À INTÉGRER À L'AMBIANCE VÉGÉTALE

Des kits proposent un dispositif de lame d'eau, un bassin de réception et une pompe. Ceux-ci permettent d'installer facilement un autre type d'animation aquatique. Il est également possible d'incorporer un petit jardin d'eau à la végétation de la terrasse. Un paysagiste concepteur saura vous proposer des idées d'aménagement sur mesure.

Dans tous les cas, privilégiez les matériaux légers et une taille de bassin réduite, car il faut tenir compte de la charge supplémentaire de l'ouvrage empli d'eau. La pierre est donc à éviter, sauf dans le cas d'une terrasse en rez-de-chaussée.

Une sélection de plantes pour microjardin aquatique

- Prêle (*Equisetum hyemale*)
- Souchet ombrelle (*Cyperus involucratus*)
- Plantain d'eau (*Alisma plantago-aquatica*)
- Laitue d'eau (*Pistia stratiotes*)
- Trèfle d'eau (*Menyanthes trifoliata*)
- Pesse d'eau (*Hippuris vulgaris*)
- Iris des marais (*Iris pseudacorus*)
- Petit roseau (*Typha minima*)
- Fluteau fausse renoncule (*Baldellia ranunculoides*)
- Nénuphar nain (*Nymphaea* 'Pygmaea Helvola')

Jardiner autrement

JOUER SUR LES STRATES DE VÉGÉTATION

Comme dans un jardin de pleine terre, utilisez des petits arbres pour l'ombre, des arbustes pour filtrer les courants d'air et des plantes vivaces. Ainsi conçu, le substrat du microjardin est moins exposé au dessèchement du soleil et du vent. Si, de surcroît, vous utilisez de grands bacs, cet ensemble végétal parviendra à un équilibre naturel. Non seulement vous assurerez aux plantes un développement acceptable, mais ce mode de culture vous allégera la tâche de l'arrosage.

CHOISIR DES GRANDS BACS

Plus grande est la taille des pots ou des bacs de culture, meilleure sera la vie des plantes. Outre le volume de terre qu'offrent ces contenants, cela vous permettra de (re)constituer des mini-habitats naturels en associant des petits arbres, des arbustes à des plantes basses (plantes vivaces ou annuelles). Utilisez un substrat (terreau) qui soit à la fois nourrissant, capable de retenir l'eau mais sans la piéger (bon taux d'argile), assez aéré (sableux) et vivant ! Limitez le poids des contenants en optant pour des matériaux légers (zinc, toile souple, bois doublé d'un film géotextile, fibre de terre…). Leur disposition doit respecter à la fois la composition paysagère et la charge acceptable par le balcon ou la terrasse. Pour cela, veillez à les répartir sur toute la surface de la terrasse.

OPTIMISER L'ARROSAGE

Les plantes en pot et en bac ont besoin d'un apport d'eau régulier. Toutefois, il n'est pas recommandé d'arroser trop souvent à la surface de la terre. Privilégiez l'apport d'eau par les soucoupes situées sous chaque contenant. L'installation d'un système d'arrosage intégré et programmable est conseillée, en particulier si le balcon ou la terrasse est exposé plein sud et ne reçoit pas l'eau de pluie. Après une période de sécheresse, regroupez et trempez les petits contenants dans des bassines d'eau de façon à réhydrater la motte de terre de manière homogène. Pour les grands bacs, augmentez la durée des arrosages en dehors des périodes les plus chaudes de la journée.
Évitez les surdosages. Non seulement parce qu'un apport trop massif d'eau à un instant donné conduit à un ruissellement qui ne profite pas du tout aux plantes, mais aussi et surtout parce que des plantes trop souvent arrosées deviennent… paresseuses ! Elles risquent de limiter leur développement racinaire aux premiers centimètres de terre, devenant ainsi très dépendantes des arrosages réguliers

FABRIQUER DES OLLAS

Les ollas (ou oyas) sont de petites réserves d'eau en terre cuite enterrées à proximité des plantations. Vous trouvez dans le commerce des modèles spécialement conçus pour cet usage. Il s'agit généralement de poteries en forme d'outres de volumes variés terminées par un col et parfois équipées d'une pièce en terre cuite qui permet d'obturer l'ouverture et de limiter l'évaporation de l'eau, la chute de terre ou de débris végétaux.
Vous pouvez également les fabriquer vous-même en utilisant un pot de terre cuite et une soucoupe dont le diamètre est suffisamment grand pour couvrir le pot. Bouchez le trou de drainage à l'aide d'un bouchon en liège. Enterrez la base du pot. Emplissez d'eau et couvrez avec la soucoupe.

PETITS ARBRES EN POT

CHALEF *(Elaeagnus sp.)*

Il s'agit d'arbustes touffus au feuillage persistant ou caduc. Deux espèces intéressantes pour couper les vents : *E. ebbengei*, de petite taille (3 m), au feuillage bleuté persistant, aux fleurs parfumées donnant de petits fruits orangés ; l'olivier de Bohême (*E. angustifolia*), au feuillage allongé, caduc argenté, aux rameaux épineux et aux fleurs très odorantes. Leur croissance est rapide.

De 3-6 m selon l'espèce / 2-4 m selon l'espèce.

Le chalef tolère la sécheresse, les vents et les embruns. Il compose une haie brise-vent efficace. Il se prête bien à la taille et à la culture en grands bacs.

ÉPICÉA BLEU *(Picea pungens 'Glauca Globosa')*

Ce conifère nain présente un port dense, arrondi, devenant conique avec l'âge. Son feuillage – petites aiguilles sur rameaux courts –, est persistant, bleu glacé sur les jeunes pousses au printemps, puis bleu argenté.

1,50 m / 1,20 m.

L'épicéa bleu peut être associé à des vivaces en massif. Il peut également être cultivé en bac, supportant assez bien la sécheresse une fois bien implanté.

PIN NOIR D'AUTRICHE *(Pinus nigra subsp. nigra)*

C'est un grand arbre au port étalé et imposant. Son feuillage vert foncé – de longues et fines aiguilles acérées –, est persistant. Sa croissance est rapide.

jusqu'à 25 m en pleine terre / jusqu'à 15 m.

Le pin noir peut être utilisé pour ombrer une terrasse au jardin ou encore une grande terrasse suspendue, à condition de le planter dans un bac d'au moins 30 cm de profondeur. Il se prête bien à la taille et résiste à la sécheresse et au vent.

PITTOSPORUM À PETITES FEUILLES *(Pittosporum tenuifolium)*

Ce petit arbuste vigoureux aux petites feuilles ondulées persistantes présente une diversité variétale au niveau des coloris de feuillage : vert luisant chez l'espèce type, argenté marginé de blanc pour 'Elisabeth' ; bronze aux reflets métalliques pour 'Tom Thumb'... En mai-juin, sa floraison discrète est parfumée.

2 m / 1 m.

Le pittosporum à petites feuilles est assez frileux. Il convient en jardin sec et en bord de mer, il peut être mélangé à d'autres espèces en massif, composer une haie... Il se cultive aisément en pot.

POIRIER PLEUREUR
(Pyrus salicifolia 'Pendula')

Ce petit poirier au port pleureur, à feuilles caduques, effilées et gris argenté, fleurit de mai à juin. Ses fruits apparaissent à compter de la fin de l'été. Ils sont petits et sans intérêt gustatif.

5 m / 4 m.

Le poirier pleureur est bien adapté aux petits jardins pour ombrer une terrasse. Il résiste bien à la sécheresse et aux embruns. Il est possible de le cultiver dans un grand bac sur une terrasse.

SOPHORA NAIN
(Sophora prostata 'Little Baby')

Cet arbuste à petites feuilles découpées présente un port tortueux en raison de ses branches en zig-zag. Ses fleurs en forme de petits becs orange apparaissent en début du printemps.

1,20 m / 1,20 m.

Sa rusticité est faible. Le sophora nain se cultive bien en grand pot. Il peut donc agrémenter une terrasse (à protéger en hiver dans les régions froides). Il résiste bien à la sécheresse une fois établi.

PLANTES GRIMPANTES EN POT

AKÉBIE À CINQ FEUILLES
(Akebia quinata)

Cette liane est originale par son feuillage semi-persistant très graphique et sa floraison en grappes de fleurs pourpres très parfumées d'avril à mai. Les fruits allongés de couleur mauve sont surnommés « fruits chocolat ».

6 m / 3 m.

Sa croissance est très vigoureuse et prédestine l'akébie aux pergolas, treilles et murs (avec support). Elle peut être cultivée en pot.

CHÈVREFEUILLE
(Lonicera sp.)

Cette plante grimpante vigoureuse à feuillage souvent persistant fleurit de longues semaines et parfois plusieurs fois. Les fleurs aux formes curieuses sont jaunes, plus ou moins vif, parfois mêlé de blanc ou rouges. Quelques sélections intéressantes : *Lonicera heckrotii* 'Gold Flame' aux fleurs roses jaune orangé, *L. japonica* 'Mint Crisp' au feuillage panaché, *L. japonica* 'Dart's World' aux fleurs rouges très parfumées ; *L. brownii* 'Dropmore Scarlet' aux fleurs orange.

jusqu'à 6 m / 3 m.

Par sa vigueur et sa floraison parfumée, le chèvrefeuille constitue un bon moyen de couvrir une tonnelle, un treillage, une rambarde. Il peut être cultivé dans de grands bacs.

CLÉMATITE D'ARMAND
(Clematis armandii)

Cette vigoureuse plante grimpante aux grandes feuilles luisantes, allongées et persistantes est intéressante pour sa floraison précoce en fin d'hiver, en bouquets de fleurs blanches ou rosées et parfumées.

8 m / 4 m.

Cette clématite supporte bien la sécheresse une fois bien établie, mais s'avère moyennement rustique. Elle peut couvrir un mur, un treillage ou une rambarde et peut être cultivée dans de grands pots.

HORTENSIA GRIMPANT
(Hydrangea anomama sp. petiolaris)

Cette version grimpante de l'hortensia est spectaculaire par sa vigueur, sa floribondité, y compris à l'ombre. Son feuillage caduc, vert clair, vire au jaune avant de tomber. Ses fleurs regroupées en grandes ombelles blanches, en juin, virent au vert en fin de floraison. Sa croissance est assez lente.

4 m / 5 m.

L'hortensia grimpant peut couvrir une façade, un mur, un treillage à l'ouest ou au nord pour couper des vents. Évitez les expositions trop ensoleillées. Il peut être cultivé en grands pots.

JASMIN PARFUMÉ
(Jasminum officinale 'Clotted Cream')

Cette plante volubile présente un feuillage semi-persistant à caduc, découpé et une abondante et longue floraison estivale parfumée et de couleur crème. Des baies noires s'ensuivent.

3 m / 6 m.

Le jasmin parfumé est l'espèce la plus rustique. Il couvre aisément treillages, tonnelles, rambardes et peut être cultivé en pot.

PASSIFLORE À FRUITS
(Passiflora incarnata Cooltropics)

Cette nouvelle collection d'hybrides de passiflores vivaces associe au feuillage découpé classique des passiflores une croissance annuelle étonnante, de grandes fleurs blanches ('Snowstar') ou violettes ('Eia Poppeia'), entre juin et octobre, puis, de septembre à novembre, des fruits savoureux à maturité.

2,5 m / 3 m.

Cette plante grimpante est rustique. Sa végétation disparaît totalement en hiver avant de repartir vigoureusement au printemps. Elle peut habiller en saison un treillage ou une rambarde. Se cultive très bien en pot.

PLANTES VIVACES EN POT

ACANTHE
(Acanthus mollis)

Cette grande plante vivace présente un abondant feuillage découpé et persistant en climat doux et, entre juin et septembre, de longs épis floraux portant des grappes de fleurs blanches, roses, pourpres ou vertes.

jusqu'à 1,50 m / 1 m.

C'est une plante imposante. Elle peut être associée en massif, en lisière de bosquet, à condition de lui laisser de la place, ou en isolé en pleine terre ou en pot (avec des variétés de taille réduite comme 'Whitewater').

AGAPANTHE
(Agapanthus sp.)

Cette plante vivace à feuillage persistant ou caduc selon les espèces, rubané, est appréciée pour sa floraison abondante en boules bleues, violacées ou blanches, perchées à l'extrémité de longues tiges. La rusticité varie en fonction des espèces. En général, les espèces et variétés à feuillage persistant sont moins rustiques que les hybrides à feuillage caduc.

variable selon les variétés : 30-90 cm / 20-50 cm.

Résistante à la sécheresse, l'agapanthe s'installe en massif, en bordure ou en pot.

DENTELAIRE
(Ceratostigma plumbaginoides)

Il s'agit d'un sous-arbrisseau à rhizome traçant, à feuillage caduc vert moyen en saison, devenant rouge vif en fin d'été, au moment où de nombreuses petites fleurs simples bleues apparaissent.

30 cm / 40 cm.

La dentelaire est un bon couvre-sol, résistant à la sécheresse et tolérant la cohabitation d'un arbuste ou d'un arbre dans un grand bac.

DRYOPTERIS
(Dryopteris sp.)

Cette fougère caduque ou persistante, selon les espèces et la région, forme une touffe dressée et évasée. Elle est robuste et rustique. Une sélection d'espèces : la fougère mâle (*Dryopteris filix-mas*) aux grandes frondes caduques ; la fougère rose cuivré (*D. erythrosora*) aux frondes persistantes roses au printemps puis cuivrées.

70-100 cm / 50 cm.

Les *Dryopteris* agrémentent un sous-bois, une lisière ou un pied d'arbre. La fougère rose cuivrée tolère un peu de sécheresse. Ces fougères peuvent être cultivées en grands bacs.

FLEUR DES ELFES
(Epimedium sp.)

Cette plante vivace de sous-bois au feuillage persistant s'étale lentement sur le sol grâce à son rhizome. Ses feuilles colorées au printemps et à l'automne et ses délicates tiges florales surmontées de drôles de fleurs blanches, jaunes, orange, roses (selon les espèces et variétés) illuminent les massifs à l'ombre. Sa croissance est lente.

45 cm / 30 cm.

La fleur des elfes est rustique et peut couvrir le sol en lisière de bosquet, en sous-bois ou encore en massif à mi-ombre. Elle peut également être cultivée en pot à condition de la maintenir à mi-ombre et d'éviter les sécheresses.

GRANDE MÉLIANTHE
(Melianthus major)

Cette grande plante vivace est étonnante tant par son feuillage exubérant, très découpé et vert bleuté, persistant en climat doux, que par ses longs épis floraux rouges au parfum de miel en fin de printemps. Sa croissance est rapide.

2 m / 2 m.

La grande mélianthe est peu rustique et est à réserver aux jardins urbains abrités, aux jardins méridionaux et de bord de mer. Elle peut être cultivée en grand bac.

HERBE AUX TURQUOISES
(Ophiopogon sp.)

Cette plante vivace gazonnante et compacte présente un feuillage persistant à l'aspect de graminée, vert foncé ou pourpre noir. En été, apparaissent de discrètes fleurs blanches ou mauve clair, suivies de baies bleu turquoise. Deux espèces sont souvent représentées : l'une aux feuilles vertes *O. japonicus* 'Minor' et l'autre pourpre très foncé *O. planiscapus* 'Nigrescens' ou 'Black Dragon'.

10-20 cm / 20 cm.

C'est un bon couvre-sol à mi-ombre en lisière de bosquet, au pied d'un arbre. Se cultive bien en pot. Ne supporte pas le piétinement.

HEUCHÈRE
(Heuchera sp.)

Cette plante vivace au port touffu doit son succès à son feuillage arrondi, persistant à semi-persistant aux multiples coloris et à ses nombreuses déclinaisons variétales. Elle fleurit de mai à juillet sous la forme de hampes florales fines à fleurs en clochette rouges, roses ou blanc crème.

50 cm / 40 cm.

L'heuchère est rustique et couvre bien le sol. Elle s'incorpore facilement dans les massifs, en lisière de bosquet et au pied des arbres et arbustes. Elle se cultive bien en pots à mi-ombre.

LAVANDE ET LAVANDIN
(Lavandula sp.)

Cet arbrisseau rustique à petites feuilles persistantes, effilées gris argenté, fleurit en été en épis de fleurs mauves, violettes ou blanches. Feuilles et fleurs sont très aromatiques. Parmi les nombreuses sélections, citons *Lavandula angustifolia* 'Hidcote' pour son abondante floraison violette, *L. x intermedia* 'Dutch' pour sa longue floraison et sa plasticité (facilité de taille), la lavande des Canaries (*L. pinnata* var. *pinnata*) pour son joli feuillage découpé.

60 m / 80 cm.

Rustique (exceptée la lavande des Canaries), résistante à la sécheresse, elle s'insère dans les jardins secs, les massifs sur sol bien drainé, les toitures végétalisées, les pots et grands bacs sur les terrasses.

MYOSOTIS DU CAUCASE
(Brunnera macrophylla 'Jack Frost')

C'est une plante vivace tapissante de taille moyenne aux feuilles caduques, crème veiné de vert et en forme de cœur. En mai et juin, de petites fleurs simples et bleues, réunies en grappes, apparaissent à l'extrémité des tiges.

50 cm / 40 cm.

Appréciant la mi-ombre et la fraîcheur, il tapisse les massifs en sous-bois, en lisière ombragée. Il peut également agrémenter le pied d'un arbre ou d'un arbuste en bac.

PLANTE DU BOUCHER
(Aspidistra elatior)

Cette plante vivace à l'abondant feuillage allongé, luisant, coriace et vert a toute sa place dans un jardin, car sa résistance au froid est bonne. Le feuillage se pare de couleurs cuivrées à l'automne. En fin d'hiver, des fleurs violettes apparaissent suivies de baies.

40 cm / 40 cm.

L'aspidistra peut s'insérer en massif ou se cultiver en pot sur un balcon ou une terrasse, à l'ombre.

SAUGE DE GRAHAM
(Salvia microphylla)

Cette sauge est un sous-arbrisseau au port touffu et aux tiges fines. Le feuillage vert est semi-persistant à persistant lors d'hivers doux et aromatique. Sa floraison (blanche, rouge, bicolore…) dure de longs mois et peut même se poursuivre en hiver.

90 cm / 80 cm.

Cette sauge est robuste, rustique et résistante à la sécheresse. Elle compose des massifs et se cultive bien en grand bac.

INDEX

CRÉDITS

Illustrations

© Isabelle Frances/Rustica : 59 h (animaux de la mare), 75 ; © Dominique Jouenne/Rustica : 58 ; © Marie Loppe/Rustica : 35 b, 59 b ; © Michel Loppé/Rustica : 67 b ; © Charline Moreau : 2-3, 12, 48, 84, 89, 117, 118.

Photos

Rustica : © B & G médias : 17, 30 d, 31 h, 45 d, 46 md, 55, 56, 60, 65 hg, 73 h, 76 md, 77 mg, 88, 89, 91 g, 94, 99 g, 99 hd, 112 g ; © Franck Boucourt : 19 b, 24, 36 md, 68, 69 hg, 72 b, 73 m, 79 md, 81 d, 100, 106 h, 111 g, 121 g, 124, 127 g, 131 bg, 132 h ; © Éric Brenckle : 21 hg, 21 bg, 21 bd, 29 hd, 32 h, 32 m, 32 b, 33 bd, 38 g, 39 g, 43 d, 46 mg, 46 d, 47 md, 61 bg, 61 bd, 65 bg, 69 b, 71 b, 97 b, 97 h, 101 b, 102, 106 b, 107 h, 110 md, 128, 131 hg ; © Vincent Gremillet : 87 h, 111 d ; © Christian Hochet : 27 bg, 30 g, 33 g, 36 d, 46 g, 65 hd, 73 b, 76 g, 91 d, 101 h ; © Patricia Kadijevic : 31 b, 123 h, 125 h, 132 m, 135 d ;© Frédéric Marre : couverture, 4, 15, 25, 31 m, 33 hd, 33 md, 34, 35 h, 36 mg, 37 g, 38 md, 40 g, 40 md, 41 m, 41 d, 42 md, 43 m, 44 g, 44 mg, 44 d, 45 m, 47 g, 47 mg, 47 d, 54, 57 d, 61 h, 62, 63, 64, 65 bd, 66, 67 h, 72 h, 74 h, 79 g, 80 d, 83 d, 91 m, 93, 95 h, 95 bg, 95 bd, 99 bd, 103 b, 103 h, 105, 108 g, 121 hd, 125 b, 131 bd, 133 b, 137 d, 137 m ; © Karin Maucotel : 96 ; © Alexandre Petzold : 42 g, 104, 113 g, 132 b ; © Virginie Quéant : 27 bd, 29 b, 45 g, 69 hd, 112 mg.

iStock : 29 hg, 129 h, 129 b, 138 d, 139 (4 photos), 140 (4 photos).

Shutterstock : 6, 8, 10, 11 h, 11 b, 15 h, 16, 19 h, 21 hd, 21 mg, 23 b, 23 h, 27 h, 36 g, 37 mg, 37 md, 37 d, 38 mg, 38 d, 39 d, 39 m, 40 mg, 40 d, 41 g, 42 mg, 42 d, 43 g, 44 md, 51 h, 51 b, 52, 53, 57 g, 70, 71 h, 74 b, 76 mg, 76 d, 77 g, 77 md, 77 d, 78 (4 photos), 79 mg, 79 d, 80 g, 80 mg, 80 md, 81 g, 81 m, 82 (4 photos), 83 g, 83 m, 87 b, 90, 95 bm, 107 m, 107 b, 108 mg, 108 md, 108 d, 109 (4 photos), 110 g, 110 mg, 110 md, 111 m, 112 md, 112 d, 113 m, 113 d, 114 (4 photos), 115 (4 photos), 120, 121 bd, 122, 123 b, 127 hd, 127 bd, 131 hd, 133 h, 134 (4 photos), 135 g, 135 m, 136 (4 photos), 137 g, 138 g, 138 mg, 138 md.

Direction : Guillaume Pô

Direction éditoriale : Élisabeth Pegeon

Édition : Liza Person-Lisiecki assistée de Juliette Schpilberg

Direction artistique : Julie Mathieu

Conception graphique et mise en pages : Anne Bordenave

Direction de fabrication : Thierry Dubus

Fabrication : Audrey Bord

Ce livre est composé de matériaux issus de forêts bien gérées, certifiées FSC® et d'autres sources contrôlées, garantissant la démarche de développement durable de l'éditeur et de l'imprimeur. Les éditions Rustica utilisent des papiers composés de fibres naturelles, renouvelables, recyclables et fabriquées à partir de bois issus de forêts qui adoptent un système d'aménagement durable.

57 rue Gaston Tessier, CS 50061,
75166 Paris Cedex 19
Dépôt légal : avril 2025
ISBN : 978-2-8153-2199-0
Code MDS : RU21990
www.rusticaeditions.com

N° d'édition : 25L0517 - 1er tirage
Achevé d'imprimer en mars 2025 par Graphycems (Espagne).